DIESES BUCH GEHÖRT
....

Für Eva, Florence und Kit,
die ihre Reise durch die Geschichte gerade erst begonnen haben
– P. P.

Für Shaun, der sich um alles gekümmert hat,
damit ich zeichnen konnte.
Und für meine Eltern;
die vielen Besuche im Museum waren nicht vergebens
– L. K.

Klimaneutral
Druckprodukt
ClimatePartner.com/18521-2202-1001

ISBN 978-3-7432-1229-9
2. Auflage 2023
erschienen unter dem Originaltitel The History of Everywhere.
All the Stuff That You Never Knew Happened at the Same Time

Published by arrangement with Walker Books Ltd, 87 Vauxhall Walk, London SE11 5HJ

Bühlstraße 4, D-95463 Bindlach
Aus dem Englischen übersetzt von Bea Reiter
Umschlaggestaltung: Ramona Karl
Printed in Malaysia

www.loewe-verlag.de

Was GESCHAH zur GLEICHEN ZEIT?

WELTGESCHICHTE, WIE DU SIE NOCH NIE GESEHEN HAST

Philip Parker · Liz Kay

Loewe

EINLEITUNG

Geschichte kann verwirrend und kompliziert sein. Kulturen entstehen und verschwinden wieder und manchmal lässt sich nur schwer verstehen, wie alles zusammenhängt. Überall geschieht etwas – und erst, wenn wir Geschichte in ihrer Gesamtheit sehen, wird uns bewusst, wie vielfältig und erstaunlich sie ist.

Dieses Buch enthält Landkarten, die dir zeigen, was während eines bestimmten Zeitraums in der Welt passiert ist. Du siehst auf einen Blick, dass China und Rom zur gleichen Zeit von einem Kaiser regiert wurden, dass noch Wollmammuts durch die Steppe gestapft sind, als die Ägypter ihre Pyramiden gebaut haben, und vieles mehr.

Wir können natürlich nicht alles abdecken, sonst wäre dieses Buch so schwer wie ein Mammut, aber wir hoffen, dass es dich dazu inspiriert, mehr über historische Ereignisse wissen zu wollen. Für jede Epoche gibt es ein spannendes Schlüsselereignis, das ausführlicher behandelt wird. Einige Kulturen wie die alten Griechen und Ägypter oder das indische Mogulreich werden auf eigenen Seiten vorgestellt. Dort wird erklärt, was sie zur Entwicklung unserer Welt beigetragen haben und wie sie in das große Puzzle der Geschichte passen.

Geschichte hört nie auf. Das, was wir heute erleben, wird in den Geschichtsbüchern der nächsten Jahre behandelt werden. Ständig gibt es neue Ereignisse und Zusammenhänge – manchmal brauchen wir nur ein bisschen Hilfe, um sie zu sehen.

INHALT

4000–1000 V. CHR.: DIE ERSTEN KULTUREN

Die frühesten Kulturen entstanden in der Umgebung von Städten, in denen es riesige Bauten gab. Im Laufe der Zeit begannen diese Kulturen, mit ihren Nachbarn um Rohstoffe wie Eisen und Gold zu streiten, was zu den ersten Kriegen führte. Darunter waren auch die Ägypter und die Hethiter, zwei Königreiche, die um die Macht im Mittelmeerraum kämpften.

2500 V. CHR.: STONEHENGE

Im Steinkreis von Stonehenge werden die ersten Steine aufgestellt. Fertiggestellt wird die Anlage etwa 300 Jahre später.

NORDAMERIKA

EUROPA

4000 V. CHR.: ANBAU VON KULTURPFLANZEN

In Nordamerika wird erstmals Ackerbau betrieben. Die Menschen lernen, wie man Mais, Bohnen und Kürbisse anbaut. Die ersten Bauern lebten um 10 000 v. Chr. im Gebiet des heutigen Irak.

2550 V. CHR.: PYRAMIDEN

Der ägyptische Pharao Cheops lässt die Cheops-Pyramide errichten. Sie ist ursprünglich etwa 150 Meter hoch und besteht aus 2,3 Millionen Steinblöcken. Die Pyramide ist als Grabmal für Cheops gedacht und eine von 130 königlichen Pyramiden, die in den nächsten 700 Jahren gebaut werden.

1200 V. CHR.: OLMEKEN

Die Kultur der Olmeken, eine der ältesten Zivilisationen Mittelamerikas, entsteht. Die Olmeken schaffen riesige Steinskulpturen, unter anderem 3,5 Meter hohe Köpfe.

SÜDAMERIKA

CA. 1000 V. CHR.: BANTUWANDERUNG

Bantu sprechende Völker beginnen, von Westafrika aus nach Zentralafrika zu wandern. Sie haben Kenntnisse in Ackerbau und Viehhaltung und erreichen um 500 v. Chr. sogar das heutige Südafrika.

2800 V. CHR.: CARAL

An der Pazifikküste Südamerikas wird von der Norte-Chico-Kultur Caral errichtet, die erste Stadt auf dem amerikanischen Kontinent. Tempel, Pyramiden und Plätze werden gebaut.

SCHLÜSSELEREIGNIS: SCHLACHT BEI KADESCH

Im Mai 1274 v. Chr. führte der ägyptische Pharao Ramses II. seine Armee nach Palästina, um zu verhindern, dass die Region von den Hethitern erobert wurde. In der Nähe von Kadesch kam es zu einem erbitterten Kampf mit Streitwagen. Der Ausgang ist unklar, da beide Seiten den Sieg für sich beanspruchten.

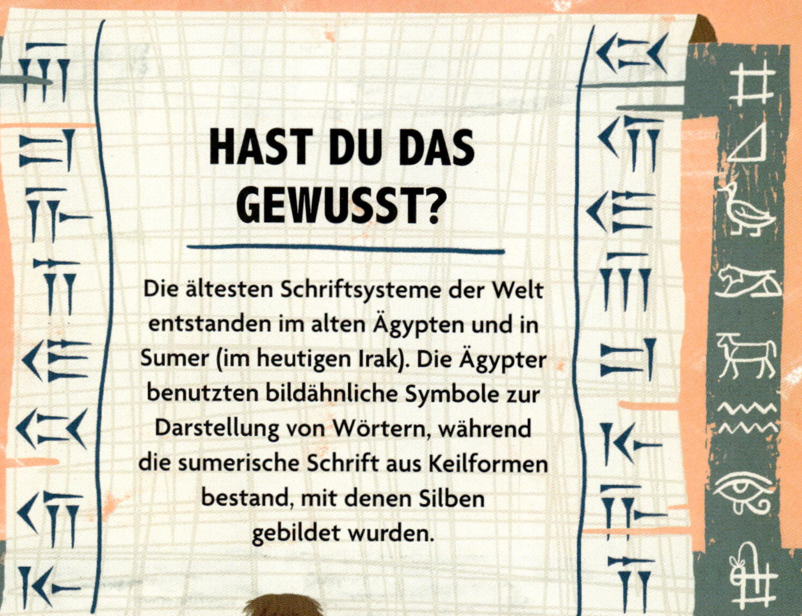

HAST DU DAS GEWUSST?

Die ältesten Schriftsysteme der Welt entstanden im alten Ägypten und in Sumer (im heutigen Irak). Die Ägypter benutzten bildähnliche Symbole zur Darstellung von Wörtern, während die sumerische Schrift aus Keilformen bestand, mit denen Silben gebildet wurden.

1600 V. CHR.: MYKENER

Die Mykener, ein Kriegervolk, überziehen den Süden Griechenlands mit Palästen. Auf Kreta erobern sie das Reich der Minoer, der ältesten Kultur in Europa.

CA. 2000 V. CHR.: WOLLMAMMUTS

Die letzten Wollmammuts, die auf Inseln vor der Küste Alaskas überlebt haben, sterben aus.

2500 V. CHR.: INDUSTAL

Mohenjo-Daro gehört zu den größten Städten der Induskultur in Südasien und ist mit öffentlichen Badehäusern und dem ersten Abwassersystem der Welt ausgestattet. Die Indusschrift, deren Zeichen auf Tausenden Lehmsiegeln eingraviert sind, ist bis heute nicht entschlüsselt.

GRIECHENLAND

1600 V. CHR.: SHANG-DYNASTIE

Die Shang, Chinas erste historisch belegte Dynastie, herrschen über Regionen im Norden des Landes. Handwerker stellen kunstvolle Bronzegefäße für zeremonielle Zwecke her.

CA. 2100 V. CHR.: ZIKKURAT

In der sumerischen Stadt Ur wird ein stufenförmiger Tempelturm aus Lehmziegeln errichtet, der Zikkurat genannt wird. Er ist über 30 Meter hoch.

1500 V. CHR.: LAPITA-KULTUR

Die Lapita, ein für seine reich verzierten Keramikgefäße bekanntes Volk, siedeln von Südostasien auf die pazifischen Inseln über.

CA. 50000 V. CHR.: ABORIGINES

Die Vorfahren der Aborigines erreichen Australien erstmals vor über 50 000 Jahren. Sie breiten sich auf dem gesamten Kontinent aus und halten ihren Glauben an mythische Ahnen auf Höhlen- und Felszeichnungen fest.

AFRIKA

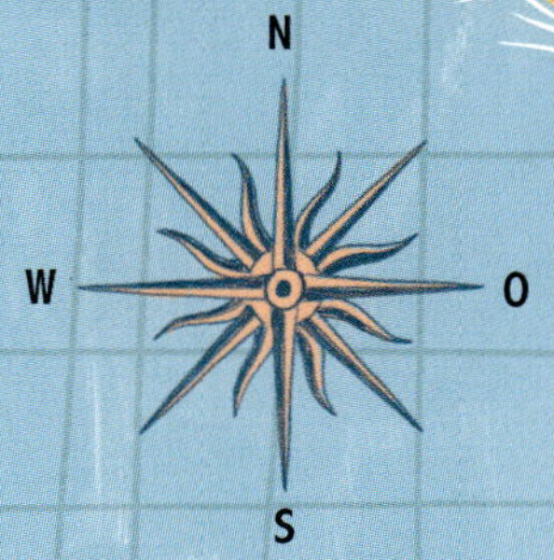

1000–500 V. CHR.: DIE ERSTEN REICHE

Als Stadtstaaten immer reicher und mächtiger wurden, begannen ihre Herrscher, angrenzende Regionen zu erobern, und schufen so die ersten Reiche. Truppen der Assyrer besetzten fast den gesamten Nahen Osten, während in China die Zhou-Dynastie Mühe hatte, ihre vielen Provinzen unter Kontrolle zu behalten. In dieser Zeit kam es zu großen kulturellen und religiösen Veränderungen: In Griechenland verfassten die ersten Wissenschaftler und Philosophen ihre Werke und in Indien entstand der Buddhismus.

1000 V. CHR.: ADENA-KULTUR

Die Adena-Kultur im waldreichen Osten Nordamerikas errichtet große Grabhügel aus Erde, einige davon in Form von Tieren, zum Beispiel Schlangen.

CA. 900 V. CHR.: OLMEKISCHE KUNST

Die Olmeken bauen eine Pyramide aus Adobes (Lehmziegel), erschaffen Mosaikböden, auf denen unter anderem Jaguare zu sehen sind, und stellen Spiegel aus Eisen her.

900 V. CHR.: CHAVÍN

Die Chavín im nördlichen Peru bauen eine riesige Tempelanlage in Chavín de Huantar, die mit Steinreliefs von Raubkatzen und schlangenähnlichen Figuren geschmückt ist.

776 V. CHR.: OLYMPIA

In Griechenland finden die ersten historisch belegten Olympischen Spiele statt. Zuerst gibt es nur Wettläufe, später kommen Boxen, Ringen, Streitwagenrennen und Diskuswerfen hinzu. Die Gewinner erhalten Lorbeerkränze.

753 V. CHR.: ROM

In Italien wird die Stadt Rom gegründet, der Legende nach von den Brüdern Romulus und Remus.

732 V. CHR.: NUBIER

Der nubische Herrscher Piye erobert Ägypten. Ab diesem Zeitpunkt wird das Land vor allem von ausländischen Herrschern regiert.

CA. 500 V. CHR.: HANNO DER SEEFAHRER

Der karthagische Entdecker Hanno der Seefahrer segelt von Karthago am Mittelmeer zur Westküste Afrikas. Er entdeckt mehrere Städte im heutigen Marokko und ist möglicherweise bis nach Kamerun gekommen.

SCHLÜSSELEREIGNIS: GEBURT BUDDHAS

534 v. Chr. gab Siddhartha Gautama, ein Prinz aus dem Geschlecht der Sakya in Indien, sein bequemes Leben auf und wurde Mönch, weil er das Leid der Menschen verstehen wollte. Während er unter einem Feigenbaum meditierte, gelangte er zur Erleuchtung und erkannte, dass er dem Kreislauf der Wiedergeburt und des Leids entkommen konnte. Er lehrte die Menschen, sich nicht an weltliche Dinge zu klammern. Seine Anhänger schrieben seine Worte auf, die zur Grundlage der buddhistischen Religion wurden. Buddhas Lehre breitete sich von Indien nach China, Korea, Japan und Südostasien aus.

587 V. CHR.: ZERSTÖRUNG JERUSALEMS

Der babylonische König Nebukadnezar II. befiehlt nach einem Aufstand der Juden die Zerstörung von Jerusalem und seinem Tempel. Die meisten Juden gehen ins Exil.

551 V. CHR.: KONFUZIUS

Geburt des Philosophen Konfuzius. Seine Lehren über die Bedeutung traditioneller Rituale, über die Wahrung von Hierarchie und über Wissen als Grundlage für ein gutes Leben und eine funktionierende Gesellschaft beeinflussen China über 2000 Jahre lang.

660 V. CHR.: JAPANS ERSTER KAISER

Jimmu Tenno, der erste Kaiser Japans, besteigt den Thron. Er ist der Urahn des heutigen japanischen Herrscherhauses, das die am längsten regierende Dynastie der Welt ist.

1000 V. CHR.: VIETNAMESISCHE BRONZE

Handwerker der Dong-Son-Kultur im nördlichen Vietnam fertigen große, reich verzierte Bronzetrommeln, die bei Ritualen und Feldzügen verwendet werden.

590 V. CHR.: PYRAMIDEN

Meroë wird zur Hauptstadt des Königreichs Kusch im heutigen Sudan. Seine Herrscher lassen mehr Pyramiden errichten als die Ägypter, allerdings sind ihre Bauten kleiner.

CA. 500 V. CHR.: LÄNGSTES GEDICHT

Das Mahabharata, mit etwa 100 000 Versen das längste Heldengedicht aller Zeiten, wird niedergeschrieben. Es erzählt vom Krieg in Kurukshetra, in dem Schlachten mit Kriegselefanten geführt wurden, und schildert vermutlich die politische Situation zur Eisenzeit in Indien.

HAST DU DAS GEWUSST?

Die Hängenden Gärten der Semiramis, eines der sieben Weltwunder der Antike, befanden sich vermutlich in der von Nebukadnezar II. zwischen 605 und 562 v. Chr. wiederaufgebauten Stadt Babylon. Sie wurde 539 v. Chr. von den Persern erobert.

SCHWERPUNKT:

ANTIKES GRIECHENLAND

DEMOKRATIE UND PHILOSOPHIE

Das antike Griechenland bestand aus vielen Städten (Stadtstaaten genannt), die über ein kleines Gebiet um sie herum herrschten. Einige, zum Beispiel Sparta, wurden von Königen regiert. Andere, wie etwa Spartas größter Rivale Athen, ersetzten die Könige und Oligarchen (kleine, aus Familien bestehende Gruppen) durch eine andere Herrschaftsform. Bei dieser frühen Form der Demokratie (Herrschaft des Volkes) versammelten sich die Bürger, um über wichtige Entscheidungen abzustimmen. In Stadtstaaten, die Demokratien waren, herrschte eine freiere Stimmung als in denen, die von Königen regiert wurden. Dort gab es Leute, die Philosophen genannt wurden. Sie lehnten die damals übliche Vorstellung ab, dass die Welt von Göttern beherrscht wurde. Stattdessen überlegten sie sich andere Erklärungen dafür, wie die Welt so geworden war, wie sie war. Demokratie und Philosophie des antiken Griechenland sollten die Welt nachhaltig beeinflussen.

ATHEN

DIE VERSAMMLUNG

AUFBAU EINER DEMOKRATIE

Am Anfang wurde Athen von Oligarchen und Tyrannen (Männer mit der Macht eines Königs, die aber nicht aus einer Königsfamilie stammten) regiert. 507 v. Chr. schaffte ein Mann namens Kleisthenes das alte System ab und führte die erste Demokratie der Welt ein. Von da an wurden jedes Jahr 500 Athener zufällig ausgewählt, die entscheiden konnten, welche Gesetze erlassen werden sollten. Dann kamen alle Bürger, die mitentscheiden wollten, zu einer Versammlung zusammen, und stimmten darüber ab, ob sie diese Gesetze annehmen wollten. Im Gegensatz zu unserer modernen Demokratie, in der wir Politiker wählen, die Gesetze erlassen, mussten die Bürger in der direkten Demokratie Athens persönlich bei der Abstimmung anwesend sein. Auch Geschworene für Gerichtsverhandlungen und einige Beamte, die für die Verwaltung der Stadt zuständig waren, wurden per Zufall bestimmt. Die Versammlung erließ nicht nur Gesetze, sondern entschied auch, ob Athen einen Krieg beginnen sollte. Außerdem wählte sie die Generäle, die die Armee der Stadt anführten.

PHILOSOPHIE

Um 600 v. Chr. begannen griechische Philosophen zu glauben, dass die Welt nicht von Göttern, sondern von Naturgewalten geformt worden war. Sie versuchten herauszufinden, woraus die Welt besteht, und entwickelten Theorien darüber, wie wir unser Leben am besten führen können und wie die Gesellschaft am besten organisiert werden kann. Rechts werden einige der berühmtesten Denker des antiken Griechenland aufgeführt.

LEBEN IN EINER DEMOKRATIE

Die Demokratie der Athener stand nicht allen offen, da nur freie, erwachsene und männliche Bürger an der Versammlung teilnehmen und wählen durften. Frauen, Sklaven und Ausländern war dies nicht erlaubt. Um zu verhindern, dass Politiker in der Versammlung zu mächtig wurden, konnten die Athener einmal im Jahr an einer besonderen Wahl teilnehmen, die Ostrazismus oder Scherbengericht genannt wird. Dabei ritzten sie den Namen eines Politikers, der ihnen missfiel, in eine Tonscherbe. Die am häufigsten genannte Person wurde verbannt und musste Athen für zehn Jahre verlassen.

BERÜHMTE PHILOSOPHEN

THALES, CA. 624–546 V. CHR.
Theorie: Das Universum besteht aus Wasser.

SOKRATES, CA. 469–399 V. CHR.
Theorie: Die Menschen sollen versuchen, ein gutes Leben zu führen.

DEMOKRIT, CA. 460–370 V. CHR.
Theorie: Das Universum besteht aus winzigen Bausteinen, die Atome genannt werden.

PLATON, CA. 428–347 V. CHR.
Theorie: Philosophen an die Macht!

ARISTOTELES, 384–322 V. CHR.
Theorie: Die Grundbestimmung des Menschen ist das Zusammenleben mit anderen.

500–1 V. CHR.: ANTIKE

Diese Epoche, in der Kunst und Kultur aufblühten, ist als griechische und römische Antike bekannt. In dieser Zeit entstanden weitere Reiche, die große Teile der Welt vereinten. Das Han-Reich in China, das Maurya-Reich in Indien und das Römische Reich in Europa wehrten jahrhundertelang erfolgreich Angreifer von außen ab. Ihr unermesslicher Reichtum erlaubte es ihnen, großartige Kunst zu schaffen, wie die Terrakotta-Krieger, die einem chinesischen Kaiser in sein Grabmal folgten.

218 V. CHR.: HANNIBAL

Der karthagische Feldherr Hannibal überquert mit seiner Armee, zu der auch Kriegselefanten gehören, die Alpen und erreicht Italien. Dies führt zum Ausbruch des Zweiten Punischen Krieges zwischen Rom und Karthago. Schließlich besiegt Rom seinen Rivalen aus dem Mittelmeerraum.

CA. 300 V. CHR.: HAUPTSTADT DER MAYA

Die Stadt Tikal wächst, dort werden zahlreiche Tempel errichtet. Sie wird zu einem wichtigen Zentrum der Maya, während diese immer mehr Stadtstaaten im Süden Mexikos und in Guatemala errichten.

480 V. CHR.: SCHLACHT BEI DEN THERMOPYLEN

König Leonidas und 300 Soldaten aus dem griechischen Stadtstaat Sparta sterben bei der Verteidigung des Thermopylen-Passes gegen ein einfallendes persisches Heer. Sie verschaffen Spartas Verbündeten aus Athen aber so viel Zeit, dass es diesen gelingt, die Perser aus Griechenland zu vertreiben.

CA. 100 V. CHR.: NAZCA-LINIEN

Die Nazca-Kultur von Peru schafft die ersten Geoglyphen – Scharrbilder im Sand, die häufig Tiere wie Schlangen oder Vögel darstellen. Sie sind nur aus der Luft zu erkennen.

π

HAST DU DAS GEWUSST?

Archimedes war ein griechisches Mathegenie und einer der größten Wissenschaftler der Antike. 150 v. Chr. berechnete er als erster Mensch Pi (Zahl, die das Verhältnis von Kreisumfang zu Kreisdurchmesser angibt) fast korrekt.

SCHLÜSSELEREIGNIS: DIE TERRAKOTTA-ARMEE

Nachdem Qin Shi Huangdi, der Herrscher des Reichs der Qin, 221 v. Chr. China durch die Eroberung der übrigen Streitenden Reiche geeint hatte, erklärte er sich selbst zum ersten Kaiser des vereinigten China. Bücher mit Aufzeichnungen über frühere Dynastien ließ er verbrennen. Nach seinem Tod wurde er in einem riesigen Grabmal beigesetzt, zusammen mit über 8000 lebensgroßen Kriegern aus Ton, denen Pferde, Streitwagen und echte Waffen mitgegeben wurden, damit sie ihn im Jenseits bewachen konnten. Die Terrakotta-Armee wurde erst 1974 entdeckt.

44 V. CHR.: JULIUS CÄSAR

Nach seiner Ernennung zum Diktator auf Lebenszeit wird Julius Cäsar von einer Gruppe ermordet, die befürchtet, dass er sich selbst zum König ausrufen wird.

220 V. CHR.: CHINESISCHE MAUER

Chinesische Kaiser beginnen mit dem Bau von Mauern und Türmen, um sich an ihren Grenzen gegen Nomaden zu verteidigen. Aus diesen Bauwerken entsteht später die Chinesische Mauer.

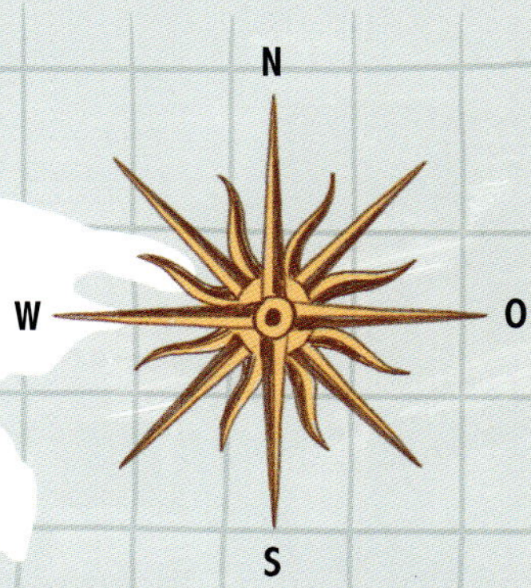

202 V. CHR.: HAN-DYNASTIE

Liu Bang, der aus einer Bauernfamilie stammt und später zum Anführer von Aufständischen wird, ist der erste Kaiser der Han-Dynastie. Seine Nachfolger herrschen die nächsten 400 Jahre über China.

200 V. CHR.: POLYNESISCHE ENTDECKER

Die Polynesier auf Tonga und Samoa brechen zu einer großen Wanderung nach Osten auf und besiedeln schließlich Hawaii, Rapa Nui (Osterinsel) und Neuseeland.

262 V. CHR.: ASHOKA-SÄULEN

Ashoka, ein Herrscher der Maurya-Dynastie, tritt zum Buddhismus über und errichtet im gesamten mauryanischen Reich (das heutige Indien) Steinsäulen, die mit buddhistischen Erlassen beschriftet sind.

333 V. CHR.: ALEXANDER DER GROSSE

Alexander der Große, König von Makedonien, schlägt bei Issos die Perser. Innerhalb von sechs Jahren erobert er das ganze Persische Reich und marschiert in Indien ein.

1 V. CHR.–500 N. CHR.: ENDE DER REICHE

In der ersten Hälfte dieser Epoche florierten die Reiche der Antike, obwohl sie Aufstände, Hungersnöte und Seuchen überstehen mussten. Auch die Städte der Maya in Mittelamerika erlebten eine Phase großer Unsicherheit, bevor sie sich wieder erholten. Doch nicht alle großen Reiche konnten überleben. Die Han-Dynastie in China wurde immer stärker von Nomadenvölkern aus angrenzenden Regionen bedrängt, was schließlich zu ihrem Zusammenbruch führte. Und auch das einst so mächtige Römische Reich verlor seine Macht.

122 N. CHR.: HADRIANSWALL

Der römische Kaiser Hadrian befiehlt den Bau eines Walls, der die nördliche Grenze des Römischen Reichs in Britannien sichern soll. Dort werden etwa 8 000 römische Soldaten stationiert.

100 N. CHR.: KORBMACHER

Die Menschen der Korbmacher-Kultur Nordamerikas finden ihre Nahrung beim Jagen und Sammeln, bauen Mais und Bohnen an und halten Truthähne. Sie leben in Siedlungen aus Grubenhäusern (Gebäude, die ganz oder teilweise in der Erde eingegraben sind) und fertigen kunstvoll geflochtene Körbe.

80 N. CHR.: KOLOSSEUM

In Rom wird das Kolosseum fertiggestellt. In dem Amphitheater, das 50 000 Zuschauern Platz bietet, finden Gladiatoren- und Tierkämpfe statt. Die Spiele zur Eröffnung des Kolosseums dauern 100 Tage.

30 N. CHR.: CHRISTENTUM

Die christliche Religion verbreitet sich, als Anhänger Jesu nach seinem Tod dessen Lehren weitertragen. 380 n. Chr. ist das Christentum Staatsreligion des Römischen Reichs.

CA. 200 N. CHR.: TEOTIHUACÁN

In der mexikanischen Stadt Teotihuacán werden zwei gigantische Pyramiden errichtet. Die Sonnenpyramide ist über 65 Meter hoch und gehört damit zu den größten Bauwerken des alten Mittelamerika.

150 N. CHR.: NOK-KULTUR

Die Nok-Kultur (im heutigen Nigeria) erlebt ihre Blütezeit; sie ist die erste Eisen herstellende Kultur in Westafrika und fertigt zudem Keramikfiguren in Form von Menschenköpfen.

200 N. CHR.: MOCHE

Die Moche im Norden Perus fertigen sogenannte Steigbügelgefäße, Keramikvasen mit speziell gestalteten Ausgüssen, häufig in Form von Tieren oder Menschen.

SCHLÜSSELEREIGNIS: DIE VANDALEN PLÜNDERN ROM

395 n. Chr. war das Römische Reich in eine West- und eine Osthälfte geteilt und wurde aufgrund seiner gewaltigen Größe von zwei Kaisern regiert. Doch das Reich bröckelte und wurde immer wieder von germanischen Stämmen angegriffen. 455 n. Chr. fiel ein Stamm namens Vandalen in Rom ein. Sie plünderten die Stadt und versklavten die Bevölkerung. Die Vandalen waren nicht die Ersten, die Rom brandschatzten, doch von diesem Angriff erholte sich das Weströmische Reich nie wieder. 476 n. Chr. wurde der letzte Kaiser abgesetzt und das Römische Reich im Westen endete.

330 N. CHR.: KONSTANTINOPEL

Kaiser Konstantin macht Konstantinopel zur Hauptstadt der Osthälfte des Römischen Reichs, die später Byzantinisches Reich genannt wird. Noch 1000 Jahre nach dem Fall Roms herrschen dort Kaiser.

220 N. CHR.: ENDE DER HAN-DYNASTIE

Der Han-Dynastie in China gelingt es zwar, die Nomadenvölker an der Nordgrenze des Landes zu besiegen, doch das Reich bricht aufgrund von Machtkämpfen innerhalb der kaiserlichen Familie zusammen.

105 N. CHR.: ERFINDUNG DES PAPIERS

Cai Lun, Beamter am Hof des Kaisers von China, erfindet das Papier, indem er Baumrinde und Stofflappen mischt. Das neue Material ersetzt Seide und Bambus als Schreibmaterial.

250 N. CHR.: YAMATO-KÖNIGREICH

In Japan entsteht das Yamato-Reich. Seine ersten Könige werden in Grabmälern bestattet, die wie ein Schlüsselloch geformt sind.

340 N. CHR.: AKSUM

Die Stadt Aksum in Äthiopien ist ein wichtiges Handelszentrum für Elfenbein, exotische Tiere, Gewürze und vieles mehr. Die Könige des aksumitischen Reichs errichten riesige Stelen (Säulen), die bis zu 30 Meter hoch sind, und treten zum Christentum über.

43 N. CHR.: REBELLION DER TRUNG-SCHWESTERN

Die Trung-Schwestern führen einen Aufstand gegen die Besatzung Vietnams durch die chinesische Han-Dynastie an, werden aber vom Han-General Ma Yuan besiegt.

HAST DU DAS GEWUSST?

132 n. Chr. wurde in China das erste bekannte Gerät zur Erkennung von Erdbeben gebaut. Bei einem Beben schwang ein Pendel in einem Bronzekrug zu einem von acht auf der Außenseite des Krugs angebrachten Drachenköpfen. Dieser gab eine Kugel frei, die die Richtung des Erdbebens anzeigte.

SCHWERPUNKT:

ALTES ROM

AUFBAU EINES WELTREICHS

In der Antike gab es viele große Reiche, doch das Römische Reich gehörte zu den größten und mächtigsten.
Bis 27 v. Chr. war Rom eine Republik gewesen, die vom Senat regiert wurde, einer Gruppe von Männern aus wichtigen römischen Familien. Sie kontrollierten ganz Italien und eroberten Königreiche im Mittelmeerraum. Dann brachen Machtkämpfe zwischen den Senatoren aus, die schließlich ihre vorrangige Stellung verloren. Ein Kaiser übernahm die Führung – der Beginn des Römischen Reichs.

KAISER AN DER MACHT

Nachdem Augustus seine Gegner im Kampf besiegt hatte, wurde er Roms erster Kaiser. Seine Nachfolger legten in der Regel fest, wer nach ihrem Tod ihren Platz einnehmen sollte, doch manche Kaiser kamen auch an die Macht, indem sie gegen ihre Konkurrenten kämpften. Einige waren gerechte Herrscher, andere waren grausam und brutal zu ihren Untertanen – Kaiser Caligula ließ zum Beispiel jeden töten, der sich weigerte, ihn wie einen Gott anzubeten. Für die Kaiser war es wichtig, Macht und Stärke zu zeigen, und viele taten dies, indem sie das Reich vergrößerten. Das war aber nur möglich, weil die römische Armee hervorragend ausgebildet war.

RÖMISCHER LEGIONÄR

RÖMISCHE ARMEE

Die römische Armee war die größte Streitmacht in der Antike und zudem noch sehr gut organisiert. Es gab zwei Arten von Soldaten: Legionäre und Auxiliare. Auxiliare waren Soldaten, die keine römischen Bürger waren, während die Legionäre die Besten unter den Besten waren – hervorragend ausgebildet, kampferprobt und mit besseren Rüstungen und Waffen ausgestattet als ihre Gegner. Disziplin und Taktik der römischen Armee waren legendär. Die Soldaten griffen in fest geschlossener Aufstellung an und bewegten sich unter einem Dach aus Schilden vorwärts (Schildkröten-Formation genannt), sodass ihnen die Pfeile der Gegner nichts anhaben konnten. Mit dieser Taktik eroberten sie große Gebiete.

RÖMISCHE KAISER

Einige der bekanntesten römischen Kaiser – gute wie schlechte!

AUGUSTUS
27 V. CHR.–14 N. CHR.

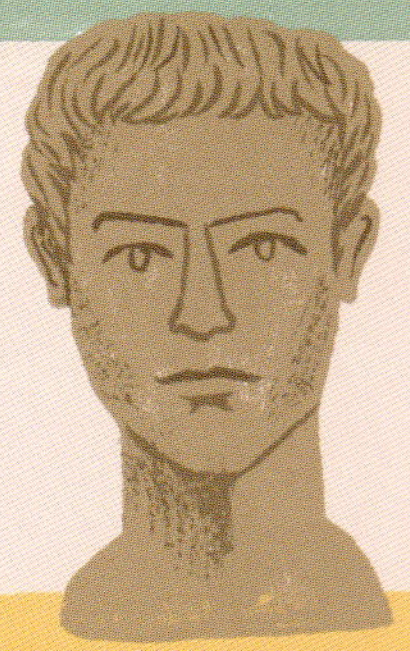

CALIGULA
37–41 N. CHR.

CLAUDIUS
41–54 N. CHR.

DIE SCHILDKRÖTEN-FORMATION

VERWALTUNG DES REICHS

Römische Soldaten mussten fit sein und weite Strecken marschieren können – über 30 Kilometer am Tag –, um das riesige Reich zu durchqueren. 117 n. Chr., unter Kaiser Trajan, war das Römische Reich am größten und erstreckte sich bis nach Britannien im Norden und Ägypten im Süden. Die Verwaltung eines derart großen Gebiets war schwierig und die Römer bauten gerade, gepflasterte Straßen, um das Reisen einfacher zu machen. Trotzdem könnte es bis zu sieben Wochen gedauert haben, um von einem Ende des Reichs zum anderen zu gelangen. Die Römer bauten Festungen, um ihre Grenzen zu verteidigen, und ließen vermutlich eine halbe Million Soldaten in ihrer Armee kämpfen, trotzdem hatten sie Mühe, die Kontrolle über ein solches Riesenreich zu behalten. 395 n. Chr. wurde das Römische Reich geteilt, sodass es fortan ein Oströmisches und ein Weströmisches Reich gab.

NERO
54–68 N. CHR.

TRAJAN
98–117 N. CHR.

HADRIAN
117–138 N. CHR.

MARC AUREL
161–180 N. CHR.

500–1000: NEUE KÖNIGREICHE

Nach dem Untergang der Reiche aus der Antike begann ein neues Zeitalter. China wurde wieder vereint und überall auf der Welt entstanden neue Königreiche, beispielsweise Ghana in Westafrika und das Khmer-Reich in Kambodscha. In Europa fiel diese Zeit in die Epoche des Mittelalters. Dort kam es zu Überfällen durch Plünderer wie die Wikinger aus Skandinavien. Trotzdem konnten sich mächtige Königreiche entwickeln. Das wichtigste davon war das Fränkische Reich, das unter Karl dem Großen schließlich einen großen Teil von Westeuropa beherrschte.

793: WIKINGER

Die räuberischen Wikinger aus Skandinavien greifen das Kloster Lindisfarne in Nordengland an. In den nächsten 250 Jahren plündern und erobern die Wikinger Teile Britanniens, Irlands und des Fränkischen Reichs und gründen Kolonien in Russland, Island und Grönland.

850: PUEBLO-KULTUR

Die Pueblo im Südwesten Nordamerikas errichten Siedlungen mit mehrstöckigen Häusern, die häufig an Felswänden gebaut werden. Ein Beispiel dafür ist Chaco Canyon.

711: EROBERUNG DURCH DIE MAUREN

Von Nordafrika aus fallen muslimische Truppen in Spanien ein und besetzen das Königreich der Westgoten. Die Eroberer werden Mauren genannt und bringen das Land mit Ausnahme des äußersten Nordens unter islamische Herrschaft.

HAST DU DAS GEWUSST?

Ab etwa 856 wurde Japan 300 Jahre lang von Kindkaisern regiert. Sie wurden von Mitgliedern der Fujiwara-Familie kontrolliert, die als „Regenten" für die Kinder handelten und Entscheidungen für sie trafen. Wenn die Kinder erwachsen waren, wurden sie von den Regenten entmachtet und mussten abdanken.

683: MAYA

K'inich Janaab Pakal, König der Maya, auch bekannt als Pakal der Große, stirbt und wird in einem reich verzierten Sarkophag im Tempel der Inschriften bestattet. In den 68 Jahren seiner Herrschaft über den Stadtstaat Palenque ließ er zahlreiche prächtige Bauten errichten. Im 9. Jahrhundert werden Palenque und andere Städte der Maya aus bisher nicht geklärten Gründen aufgegeben.

CA. 700: KÖNIGREICH GHANA

Am Südrand der Sahara entsteht das Königreich Ghana. Es wird durch den Handel mit Salz, Gold, Elfenbein und Sklaven reich.

SCHLÜSSELEREIGNIS: DIE KRÖNUNG VON KARL DEM GROSSEN

Seit dem Tod seines Vaters 768 war Karl der Große König des Fränkischen Reichs, das weite Teile des heutigen Frankreichs und des heutigen Deutschlands umfasste. Er machte sich daran, sein Königreich in Europa zu vergrößern, und wurde am ersten Weihnachtstag des Jahres 800 von Papst Leo III. in Rom zum Römischen Kaiser gekrönt. Dies war der Beginn des Heiligen Römischen Reichs, das erst 1806 unterging. Karl der Große selbst eroberte Teile Nordspaniens, des heutigen Deutschlands, Österreichs und Italiens und war bis zu seinem Tod 814 Europas mächtigster Herrscher.

507: CHLODWIG

Chlodwig, der erste König, der alle Stämme der Franken unter sich vereint, besiegt in Gallien die Westgoten. Dadurch kann er sein Königreich um Teile der Region erweitern, die später zu Frankreich wird.

618: SEIDENSTRASSE

Der chinesische Militärgouverneur Li Yuan besiegt Aufständische und ernennt sich selbst zum Kaiser Gaozu, dem ersten Kaiser der Tang-Dynastie. Es beginnt eine Zeit des Wohlstands und des Handels, in der Waren über die Seidenstraße nach Westen transportiert werden.

936: WIEDERVEREINIGUNG KOREAS

Wang Kon, der Herrscher des nordkoreanischen Staats Goguryeo, erobert die konkurrierenden Königreiche Baekje und Silla, vereinigt Korea wieder und begründet eine eigene Dynastie, die bis 1392 herrschen wird.

KOREA

762: ISLAMISCHES REICH

Der Kalif (muslimischer Herrscher) al-Mansur gründet die kreisförmig angelegte Stadt Bagdad als Hauptstadt des Islamischen Reichs. Sie entwickelt sich zu einem Zentrum für Wissenschaften und Künste und wird von zahlreichen Händlern besucht, die sogar den weiten Weg aus Europa und China auf sich nehmen.

622: HIDSCHRA

Der Prophet Mohammed, Begründer des islamischen Glaubens, flieht mit seinen Anhängern aus Mekka, wo sie verfolgt werden, nach Medina. Dort werden sie von einheimischen Stämmen willkommen geheißen. Ihre Reise wird Hidschra genannt.

802: KHMER-KÖNIGREICH

Der kambodschanische König Jayavarman II. ernennt sich selbst zum Chakravartin („Weltherrscher") und gründet das Khmer-Reich. Seine Nachfolger erbauen spektakuläre Tempel.

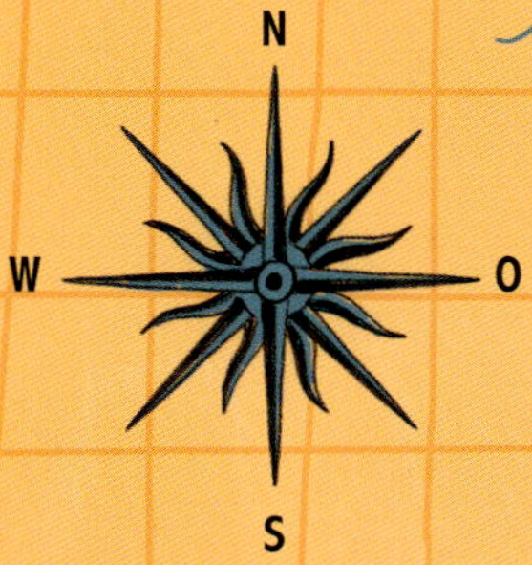

SCHWERPUNKT:

CHINA

SEIDENSTRASSE

Bereits zu Zeiten der Han-Dynastie waren chinesische Händler nach Westen gereist, um wertvolle Waren wie zum Beispiel Seide an Persien und das Römische Reich zu verkaufen. Dazu benutzten sie ein Netz aus Straßen, das später als Seidenstraße bezeichnet wurde. Den Rückweg traten sie mit einem großen Vermögen und neuen Ideen an. In der Zeit der Tang-Dynastie florierte der Handel vor allem entlang einer 6 500 Kilometer langen Route der Seidenstraße, die von China kontrolliert wurde. Als China im 14. Jahrhundert die Herrschaft über das Wegenetz verlor, geriet die Seidenstraße in Vergessenheit.

BAU DER SEIDENSTRASSE

Um 140 v. Chr. sandte Kaiser Han von China eine Expedition aus, die die Länder im Westen erkunden sollte. Sie entdeckte vermögende Königreiche, mit denen China Handel treiben konnte. Auch viele Händler nutzten die neuen Routen. Der Handel mit Seide entwickelte sich so gut, dass die Karawanen von Nomaden angegriffen wurden, die es auf die Waren und das mitgeführte Bargeld abgesehen hatten. Die chinesischen Kaiser schickten Armeen, um die Nomaden abzuwehren, und errichteten Festungen, um die Seidenstraße zu bewachen. 30 n. Chr. hatten sie den östlichen Teil der Route fast vollständig unter Kontrolle, sodass die Händler unbehelligt reisen konnten.

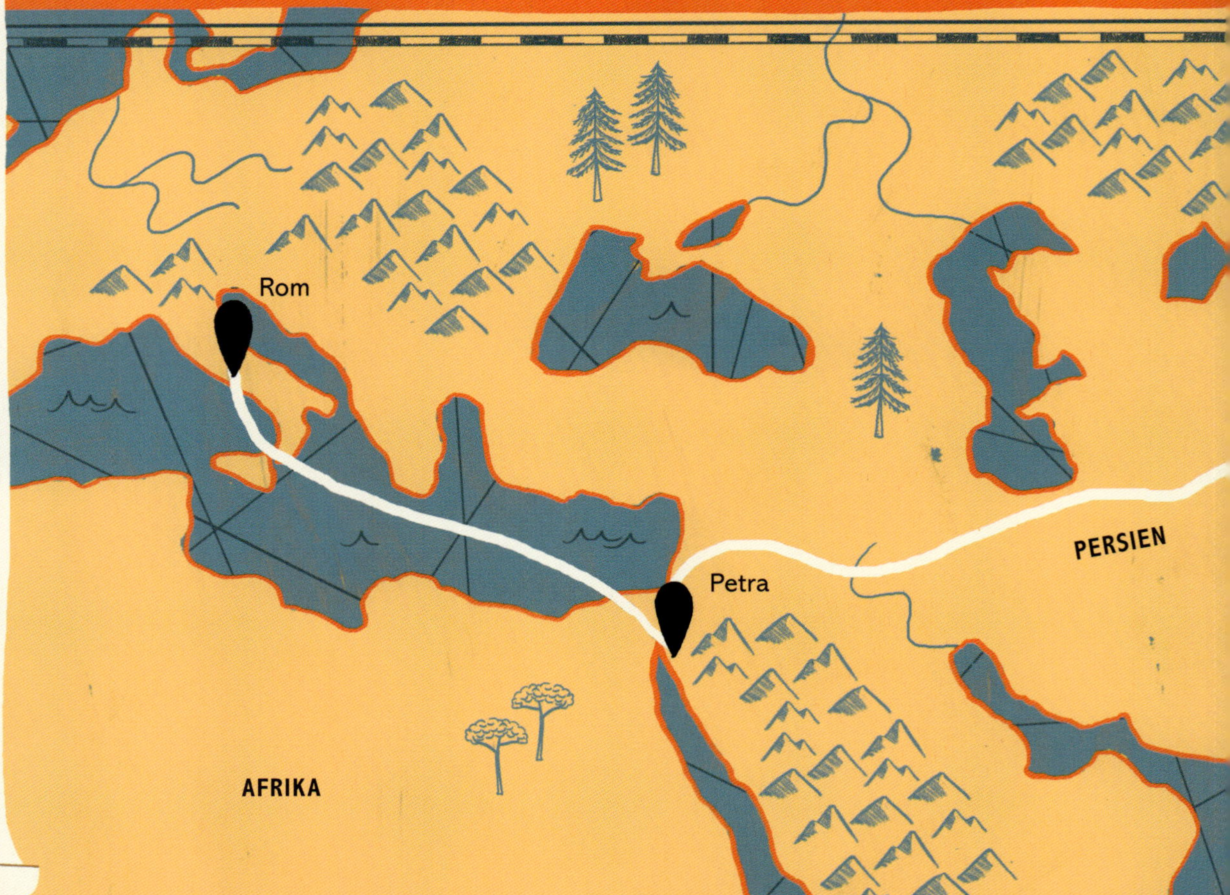

REISENDE UND IDEEN

Außer Waren brachten die Händler über die Seidenstraße auch neues Wissen in den Westen, beispielsweise Kenntnisse über die Herstellung von Papier und Schießpulver, die die Chinesen erfunden hatten. In entgegengesetzter Richtung, nach Osten, verbreitete sich die buddhistische Religion, die in Indien entstanden war und nun bis nach China gelangte. Reisende wie der venezianische Händler Marco Polo nutzten diese Route ebenfalls, um nach China zu kommen. Nachdem Polo 1295 nach Hause zurückgekehrt war, schrieb er einen Bericht über seine Reise, der den Europäern half, ein besseres Verständnis für China und seine Kultur zu entwickeln.

STÄDTE ENTLANG DER SEIDENSTRASSE

Die Seidenstraße begann in Chang'an, der chinesischen Hauptstadt. Chang'an war durch den Handel unermesslich reich und im Jahr 800 die größte Stadt der Welt. Die Seidenstraße verlief zum größten Teil durch unwegsames Gelände wie Wüsten und die Händler machten in Oasen Rast, wo sie Essen und Unterkünfte finden konnten. Unter chinesischer Herrschaft entwickelten sich die Oasen zu florierenden Städten, in denen Menschen aus vielen verschiedenen Ländern zusammenkamen, mit Waren handelten und Ideen austauschten. Entlang der Seidenstraße wurden prächtige buddhistische Tempel gebaut, zum Beispiel in Dunhuang. Dort wurden buddhistische Motive auf Höhlenwände gemalt und religiöse Bücher geschrieben, unter anderem das *Diamant-Sutra*, das erste gedruckte Buch der Welt. Oasenstädte wie Kashgar waren selbst Jahrhunderte später noch von großer Wichtigkeit.

HANDELSWARE AUF DER SEIDENSTRASSE

SEIDE

Seide, die bekannteste Handelsware auf der nach ihr benannten Route, war im Westen sehr begehrt, da man daraus edle Gewänder herstellen konnte. Das Geheimnis der Seidenraupen, die man zur Herstellung von Seide brauchte, wurde von den Chinesen jahrhundertelang gehütet.

TEE

Tee wurde erstmals in China angebaut. Chinesische Händler machten das Getränk, das sich daraus herstellen lässt, auf ihren Reisen bekannt.

PAPIER

Im Jahr 105 wurde in China das Papier erfunden. Das neue Schreibmaterial ersetzte im Laufe der Zeit das aus Tierhäuten hergestellte Pergament und den aus Schilfgras hergestellten Papyrus, die im Nahen Osten und in Europa verwendet wurden.

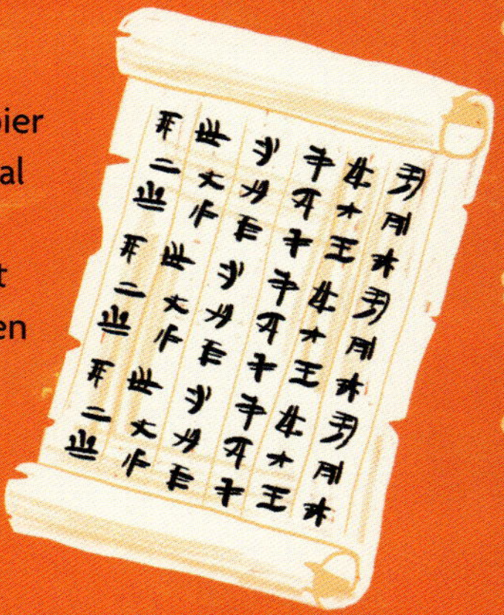

GLAS

Die Chinesen wussten nicht, wie man Glas bläst oder klares Glas herstellt, daher brachten sie es über die Seidenstraße in ihr Land.

SILBER

Viele der Waren, die von den chinesischen Händlern verkauft wurden, wurden mit Silber bezahlt. Daher gelangten große Mengen davon in den Osten.

PORZELLAN

Die Chinesen erfanden das Porzellan, eine dünne weiße Keramikart, die sehr stabil war und zu den beliebtesten Exporten Chinas gehörte.

1000–1300: ZEITALTER DER KRIEGER

Im Mittelalter gewann eine neue Macht an Einfluss in der Welt: Im 13. Jahrhundert griffen die Mongolen, Nomaden zu Pferd, ausgehend von den Steppen Zentralasiens den Westen und Süden an und errichteten den größten zusammenhängenden Herrschaftsbereich aller Zeiten. Diese Epoche ist auch bekannt für den Kampf zwischen den neu erstarkten christlichen Herrschern und der islamischen Welt. Armeen aus christlichen Kreuzrittern wurden ausgesandt, um Jerusalem und das übrige Heilige Land den muslimischen Herrschern zu entreißen.

1066: SCHLACHT BEI HASTINGS

Der normannische Herzog Wilhelm der Eroberer fällt in England ein, besiegt König Harald in der Schlacht bei Hastings und wird neuer König. Damit beginnt die Herrschaft der Normannen über England. Im ganzen Land werden Burgen und Schlösser gebaut.

ENGLAND

CA. 1100: MISSISSIPPI-KULTUR

Cahokia, die wichtigste Siedlung der Mississippi-Kultur in Nordamerika, hat 20 000 Einwohner. In der Stadt gibt es über 100 Erdhügel mit Gebäuden auf der Spitze. Cahokia liegt im Zentrum von Handelsnetzen.

1212: RECONQUISTA

Christliche Truppen besiegen die von Sultan Muhammad an-Nasir angeführte muslimische Armee in einer entscheidenden Schlacht der Reconquista, des Kampfes um die Wiedereroberung Spaniens von muslimischen Herrschern. 1250 befindet sich nur noch Granada unter muslimischer Herrschaft.

1088: ERSTE EUROPÄISCHE UNIVERSITÄT

In Bologna wird die erste europäische Universität gegründet, ähnliche Einrichtungen folgen in ganz Italien und Frankreich. Anfangs unterrichtet man dort Anwälte im Kirchenrecht, doch mit der Zeit werden auch andere Fächer gelehrt, unter anderem das Studium von griechischen und römischen Schriftstellern der Antike. Die erste Universität der Welt wurde 859 von Fatima al-Fihri in Marokko gegründet.

CA. 1200: GROSS-SIMBABWE

Im Süden Afrikas wird die Stadt Groß-Simbabwe als wichtigstes Zentrum des Königreichs Simbabwe errichtet. Sie wird durch den Handel mit Gold und Elfenbein reich. Ihre elf Meter hohen Mauern bieten Schutz für über 10 000 Einwohner.

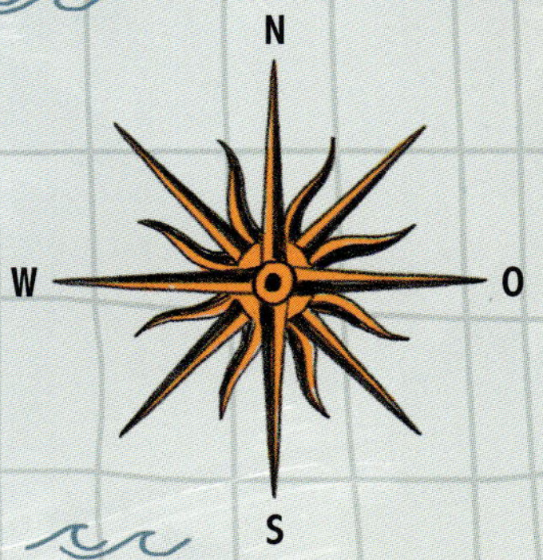

CA. 1200: CHIMÚ-KULTUR

Die Stadt Chan Chan, Hauptstadt der Chimú-Kultur in Peru, hat 40 000 Einwohner. Sie besteht aus mehreren von Mauern umgebenen Bezirken, die im Laufe der Zeit von den Königen der Chimú gebaut werden.

SCHLÜSSELEREIGNIS: SCHLACHT BEI HATTIN

1095 rief Papst Urban II. die Christen zur Einnahme Jerusalems auf, das seit Jahrhunderten unter arabischer Herrschaft stand. Ein Heiliger Krieg begann, der später Kreuzzug genannt wurde. In Europa griffen Tausende Männer zu den Waffen, vier Jahre später eroberte das Kreuzritterheer Jerusalem und es entstanden mehrere von Kreuzfahrern regierte Staaten. Die muslimischen Herrscher setzten sich zur Wehr und eroberten einige Landesteile zurück. 1187 gelang es Saladin, dem Sultan von Ägypten, bei einem Hügel namens Hörner von Hatin, das wichtigste Kreuzritterheer zu besiegen. Danach fiel er in Jerusalem ein, das man nahezu schutzlos zurückgelassen hatte. Die christlichen Herrscher Europas waren über den Verlust ihrer heiligsten Stadt so entsetzt, dass sie einen weiteren Kreuzzug begannen, aber es gelang ihnen nicht, Jerusalem zurückzuerobern. 1291 verließen die letzten Kreuzritter das Heilige Land.

HAST DU DAS GEWUSST?

Historischen Belegen zufolge wurden Raketen 1232 zum ersten Mal für militärische Zwecke verwendet – chinesische Truppen verteidigten eine Stadt mit „fliegenden Feuerpfeilen" gegen einen Angriff der Mongolen. Sie stopften Schießpulver in Bambusröhren, zündeten es an und schossen damit auf die mongolischen Soldaten. Sie trafen nicht oft, doch machten so viel Krach, dass die Mongolen in die Flucht geschlagen wurden.

1204: EROBERUNG KONSTANTINOPELS

Die Armee des Vierten Kreuzzugs fällt in Konstantinopel ein und übernimmt das Byzantinische Reich, das anschließend von lateinischen (westeuropäischen) Herrschern regiert wird, bis es 1261 von den Byzantinern zurückerobert wird.

1206: DSCHINGIS KHAN

Temüdschin, ein mongolischer Krieger, wird zum Dschingis Khan ernannt, dem Herrscher über alle mongolischen Stämme Zentralasiens. Er eint die mongolischen Stämme und baut eine schlagkräftige Armee auf, mit der er angrenzende Reiche wie China und Persien bezwingt. Dschingis Khan erobert mehr Land als jeder andere Herrscher in der Geschichte.

1192: ERSTER SHOGUN

Nachdem seine Familie den Genpei-Krieg gegen die rivalisierenden Taira gewinnt, wird Minamoto no Yoritomo der erste Shogun (Oberbefehlshaber) Japans.

1279: MONGOLEN-DYNASTIE

Die mongolische Armee des Kublai Khan (Enkel von Dschingis) erobert China. Die mongolische Yuan-Dynastie herrscht jetzt über das ganze Land.

INDIEN

1113: ANGKOR WAT

Suryavarman II., Herrscher des Khmer-Königreichs, erbaut die riesige Tempelanlage Angkor Wat in Kambodscha.

1175: SULTANE VON DELHI

Muhammad von Ghur (heutiges Afghanistan) fällt in Nordindien ein, was zur Entstehung des Sultanats von Delhi führt. In den nächsten 300 Jahren herrscht eine Reihe von muslimischen Königen über die Region.

CA. 1250: MAORI

Die Maori segeln von Polynesien aus mit Kanus nach Süden und Osten und lassen sich in Neuseeland nieder, einem der letzten großen unbewohnten Gebiete der Welt. Als zwischen den Stämmen Krieg ausbricht, erbauen sie Pa (Festungen).

NEUSEELAND

1300–1450: NEUBEGINN

In dieser Zeit kam es in Europa zu einer kulturellen und wissenschaftlichen Revolution, die Renaissance genannt wurde und in Italien begann. In Asien verloren die Mongolen einen Großteil ihrer Macht, nachdem sie von der Ming-Dynastie in China gestürzt worden waren. In anderen Regionen der Welt entstanden neue Reiche, unter anderem das Inkareich in Peru, das Aztekenreich in Mexiko und das Osmanische Reich, das den größten Teil der heutigen Türkei und Teile von Südosteuropa umfasste. Doch es war das Malireich in Westafrika, das unvorstellbare Reichtümer anhäufte.

1325: AZTEKEN

Die Azteken errichten ihre Hauptstadt Tenochtitlán in Zentralmexiko. Sie sind geübte Kämpfer und herrschen Mitte des 15. Jahrhunderts über ein riesiges Reich.

1429: JOHANNA VON ORLÉANS

Johanna von Orléans, ein junges Bauernmädchen, führt während des Hundertjährigen Krieges zwischen England und Frankreich die französischen Truppen an, als diese das belagerte Orléans befreien. Sie wird gefangen genommen und 1431 von den Engländern auf dem Scheiterhaufen verbrannt.

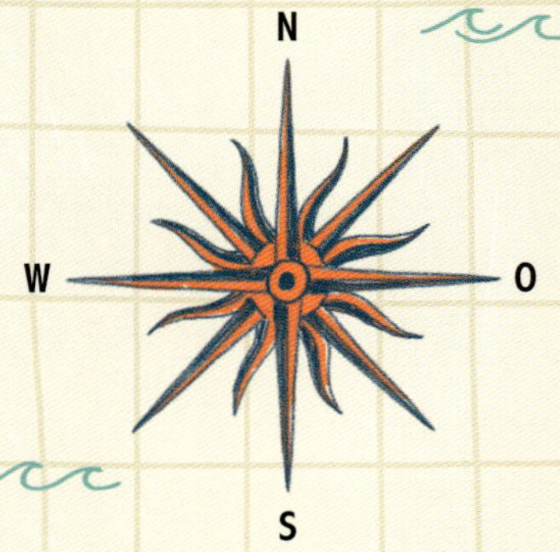

1436: RENAISSANCE

Der Architekt und Bildhauer Filippo Brunelleschi vollendet die Kuppel der Kathedrale Santa Maria del Fiore im italienischen Florenz. Der Bau ist eine technische Meisterleistung der Renaissance, einer Bewegung zur künstlerischen und kulturellen Erneuerung Europas, die vom Interesse an den Werken der griechischen und römischen Antike geprägt ist.

1438: INKA

Pachacútec Yupanqui wird Herrscher der Inka, eines Bergvolks in Peru. Er errichtet ein riesiges Reich, das sich rasch nach Süden ausbreitet, gründet die Hauptstadt Cusco und baut die gewaltige Festung Sacsayhuamán und die spektakuläre Stadt Machu Picchu hoch oben in den Anden.

HAST DU DAS GEWUSST?

Um 1300 begannen die Menschen auf Rapa Nui (Osterinsel) im Pazifik damit, fast 1000 riesige Statuen zu errichten, die Moai genannt werden und bis zu zehn Meter hoch und 80 Tonnen schwer sind. Die Steinfiguren blicken aufs Meer hinaus und stellen vermutlich Ahnen der Einheimischen dar.

SCHLÜSSELEREIGNIS:
DIE PILGERFAHRT DES MANSA MUSA

Mali war das größte Reich in Westafrika und aufgrund seiner Goldminen unfassbar vermögend. 1324 ging Mansa Musa, der Herrscher des Landes, auf Pilgerfahrt nach Mekka. Doch im Gegensatz zu anderen Pilgern bestand seine Reisegesellschaft unter anderem aus 60000 Menschen und 80 Kamelen, die Säcke voller Gold trugen – Mansa Musa war vermutlich der reichste Mensch aller Zeiten. In Kairo gab er so viel Gold aus, dass dadurch der Wert der örtlichen Währung ruiniert wurde.

1346: SCHWARZER TOD

Auf der Krim bricht eine hoch ansteckende Form der Beulenpest aus. Sie wird von Handelsschiffen nach Italien getragen und breitet sich von dort in ganz Europa aus. Die Krankheit verursacht schwarze Beulen auf der Haut und tötet über ein Drittel der europäischen Bevölkerung und viele Menschen in China und dem Nahen Osten – mehr als jede andere Pandemie der Weltgeschichte.

1406: VERBOTENE STADT

Kaiser Yongle aus der chinesischen Ming-Dynastie befiehlt den Bau der Verbotenen Stadt. Die riesige Palastanlage in Peking hat über 8000 Räume.

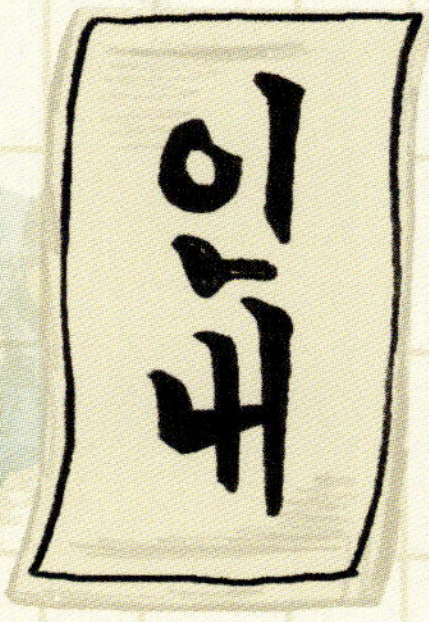

1446: NEUES ALPHABET IN KOREA

Von König Sejong wird ein neues koreanisches Alphabet geschaffen, Hangul genannt.

1402: TIMUR

Das um 1300 gegründete Osmanische Reich wird von dem mächtigen mongolischen Feldherrn Timur in der Schlacht bei Ankara besiegt und zerfällt. Im Laufe der Zeit werden die Osmanen jedoch wieder zur Großmacht, während Timurs Reich nur wenige Jahre später untergeht.

KOREA

VIETNAM

1336: KÖNIGREICH VIJAYANAGAR

Nach einem Aufstand gegen die muslimischen Herrscher von Delhi wird das hinduistische Königreich Vijayanagar gegründet. Es wird für die nächsten 300 Jahre zum mächtigsten Königreich in Südindien. In dieser Zeit werden beeindruckende Tempel errichtet.

1428: KÖNIGREICH DAI VIET

Le Loi, ein reicher Landbesitzer, vertreibt die Chinesen nach zwanzigjähriger Besatzung aus Vietnam und stellt das Königreich Dai Viet wieder her.

1414: MING-EXPEDITIONEN

Auf seiner vierten Forschungsreise erreicht der chinesische Admiral Zheng He die Stadt Malindi an der Ostküste Afrikas. Als Geschenk für den Ming-Kaiser Yongle nimmt er eine Giraffe von dort mit. Zheng He führt mit Flotten aus gewaltigen „Schatzschiffen" insgesamt sieben dieser Expeditionen durch, mit denen China seinen Einfluss im Indischen Ozean sichern will.

SCHWERPUNKT:

DIE AZTEKEN

DIE HAUPTSTADT

Die Azteken herrschten über ein Riesenreich in Mexiko, dessen Hauptstadt das 1325 gegründete Tenochtitlán war. Sie waren unbarmherzige Krieger, die ihre Söhne schon von Kindesbeinen an zum Kampf ausbildeten. Mit einigen der umliegenden Städte und Stämme schlossen sie Bündnisse, andere dagegen wurden von ihnen erobert und mussten Tribut zahlen und Sklaven bereitstellen. Die aztekischen Herrscher, die Tlatoani, verlangten absoluten Gehorsam und regierten das mächtigste Reich in diesem Teil der Welt über 100 Jahre lang.

TENOCHTITLÁN

Nach einer alten Legende der Azteken sollten sie eine Stadt bauen, wenn sie einen auf einem Kaktus sitzenden Adler sahen, der eine Schlange fraß. Als sie auf einer Insel im Texcoco-See tatsächlich so etwas beobachteten, wurde Tenochtitlán erbaut. Die Stadt war durch drei Dämme mit dem Festland verbunden und die Azteken legten Chinampas an, künstliche Inseln, die als landwirtschaftliche Anbauflächen genutzt wurden. Es gab zahlreiche Paläste und Tempel in der Stadt und auf den Märkten wurden exotische Waren wie Kolibrifedern und Kakao verkauft. Tenochtitlán wuchs und wuchs, bis es 200 000 Einwohner hatte. Im Jahr 1500 war Tenochtitlán eine der größten Städte der Welt.

TENOCHTITLÁN VON OBEN

TEMPEL UND OPFER

Im Zentrum von Tenochtitlán stand der Templo Mayor, der größte Tempel der Stadt. Er hatte die Form einer großen Pyramide, zu deren Spitze man über zahlreiche Stufen gelangte. Dort opferten die Priester der Azteken Gefangene, indem sie ihnen mit einem scharfen Messer das Herz herausschnitten. Sie glaubten, das Blut der Geopferten sei die Gegenleistung dafür, dass die Götter bei der Erschaffung der Welt ihr Blut vergossen hatten. Die Azteken beteten unzählige Götter an.

AZTEKISCHE GÖTTER

TONATIUH

Tonatiuh („er geht hin, um zu wärmen/leuchten") war der Gott der Sonne. Bei der Krönung der aztekischen Herrscher wurden ihm besondere Opfer gebracht.

TEZCATLIPOCA

Der „Herr des rauchenden Spiegels" war der oberste Gott der Azteken und der Beschützer der aztekischen Herrscher. Er besaß einen Spiegel aus Obsidian, in dem er alles sehen konnte, was auf der Erde geschah, und einen Köcher voller Pfeile, mit denen er Missetäter bestrafte.

QUETZALCOATL

Die „gefiederte Schlange" war der Gott des Windes, Donners und Wissens sowie der Schutzpatron der Priester. Als 1519 die spanischen Eroberer kamen, hielten die Azteken deren Anführer Hernán Cortés zunächst für den Gott Quetzalcoatl, der nach Mexiko zurückkehrte.

HUITZILOPOCHTLI

Der „Kolibri der linken Seite/Hand" war der Gott des Krieges, dem regelmäßig Menschenopfer gebracht werden mussten, um ihn davon abzuhalten, zornig zu werden.

TLALOC

Tlaloc war der Regengott. Die Azteken mussten dafür sorgen, dass der Gott zufrieden war, damit er Regen sandte. Ohne Regen vertrocknete der Mais, den sie als Nahrungsmittel brauchten.

XIPE TOTEC

Der „geschundene Herr" war der Fruchtbarkeitsgott der Azteken, dem besondere Opfer gebracht wurden. Aus der Haut der Opfer wurden Umhänge für Xipe Totecs Priester gefertigt.

1450–1550: ZEIT DES UMBRUCHS

In diesem Zeitraum kam es zu gewaltigen Veränderungen. Europäische Entdecker erreichten Amerika, was große Einschnitte für die dort ansässigen Kulturen und häufig auch deren Ende bedeutete: Christoph Kolumbus landete auf den Bahamas und kurze Zeit später eroberten die Spanier die Reiche der Azteken und Inka. Währenddessen gewannen die großen islamischen Herrscher – Safawiden, Osmanen und Moguln – immer mehr an Macht. Das Christentum in Westeuropa teilte sich in zwei Lager, zwischen denen Religionskriege ausbrachen. Der Grund für die Auseinandersetzungen war die Reformation. Diese wurde von einem deutschen Mönch namens Martin Luther ausgelöst, der die Grundsätze der katholischen Kirche anzweifelte.

1535: FRANZÖSISCHE EXPEDITION

Eine Expedition der Franzosen unter der Leitung von Jacques Cartier erkundet Kanadas Küste und Flüsse. Cartier erreicht das Dorf Hochelaga, das heutige Montréal, und nimmt Land für Frankreich in Anspruch.

1534: HEINRICH VIII.

König Heinrich VIII. ernennt sich selbst zum Oberhaupt der neuen Church of England nachdem der Papst ihm verboten hat, sich von seiner ersten Frau, Katharina von Aragon, scheiden zu lassen. Als Heinrich 1547 stirbt, hat er sechsmal geheiratet.

DEUTSCHLAND

ITALIEN

1519: ZERSTÖRUNG DES AZTEKENREICHS

Der spanische Entdecker Hernán Cortés erreicht Mexiko. Er verbündet sich mit einigen Stämmen, die gegen die mächtigen Azteken Krieg führen und deren Angehörige auf dem Templo Mayor geopfert werden. Die Spanier erobern und zerstören Tenochtitlán. Das ist das Ende des Aztekenreichs.

1492: CHRISTOPH KOLUMBUS

Der italienische Seefahrer Christoph Kolumbus überquert den Atlantik und geht auf der Insel Guanahani im Bereich der heutigen Bahamas an Land. Er glaubt, in Ostasien angekommen zu sein, hat aber in Wahrheit Amerika erreicht.

CA. 1550: KÖNIGREICH BENIN

Orhogbua, der Oba (Herrscher) von Benin, erobert den größten Teil der angrenzenden Gebiete in Westafrika und macht das Königreich zu einem reichen Land. In der Hauptstadt Benin stellen Handwerker kunstvolle Köpfe aus Bronze her.

1532: SPANISCHE INVASION

Das mächtige Reich der Inka in Peru ist durch einen Bürgerkrieg und den Ausbruch einer Epidemie geschwächt. Als eine kleine Gruppe spanischer Konquistadoren (Eroberer) ankommt und den Herrscher gefangen nimmt, bricht das Reich zusammen.

HAST DU DAS GEWUSST?

1543 stellte der polnische Astronom Nikolaus Kopernikus die Theorie auf, dass sich die Erde um die Sonne dreht. Vorher hatten die meisten Menschen das Gegenteil geglaubt.

SCHLÜSSELEREIGNIS: LUTHERS 95 THESEN

Am 31. Oktober 1517 nagelte der deutsche Mönch Martin Luther 95 Thesen an die Tür der Schlosskirche im sächsischen Wittenberg, in denen er damals übliche Praktiken der katholischen Kirche infrage stellte, zum Beispiel den Ablasshandel (Verkauf von Zertifikaten, mit denen dem Käufer seine Sünden erlassen wurden). Diese Ideen verbreiteten sich rasch und fanden viele Anhänger. Luther wurde vom Papst exkommuniziert (aus der Gemeinschaft der Gläubigen ausgeschlossen). Viele deutsche Fürsten unterstützten Luther und es kam zu einem Religionskrieg. Die von Luther begonnene religiöse Erneuerungsbewegung wurde als Reformation bekannt, seine Anhänger, die den Papst und viele katholische Glaubensgrundsätze nicht anerkennen wollten, nannte man Protestanten.

1450: DRUCKERPRESSE

In Deutschland erfindet Johannes Gutenberg eine Druckerpresse, mit der Bücher in großer Stückzahl hergestellt werden können, anstatt mit der Hand abgeschrieben zu werden. Das vereinfacht den Erwerb von Bildung und die Verbreitung neuer Ideen in der Welt.

CA. 1503: MONA LISA

Der Italiener Leonardo da Vinci malt die Mona Lisa. Das Bild ist ein Meisterwerk der Renaissance und da Vinci ein genialer Künstler, der schon mehrere Jahrhunderte vor ihrer Erfindung „Hubschrauber“ zeichnet.

1547: IWAN DER SCHRECKLICHE

Iwan IV. wird der erste Zar Russlands. Er erobert Gebiete in Zentralasien und geht so grausam gegen die Bojaren (eine Gruppe Adliger) vor, dass er den Beinamen „der Schreckliche“ erhält.

1453: FALL KONSTANTINOPELS

Die Osmanen erobern Konstantinopel, die Hauptstadt des Byzantinischen Reichs. Viele der Kirchen, darunter auch die Hagia Sophia, werden in Moscheen umgewandelt. Das Byzantinische Reich geht unter.

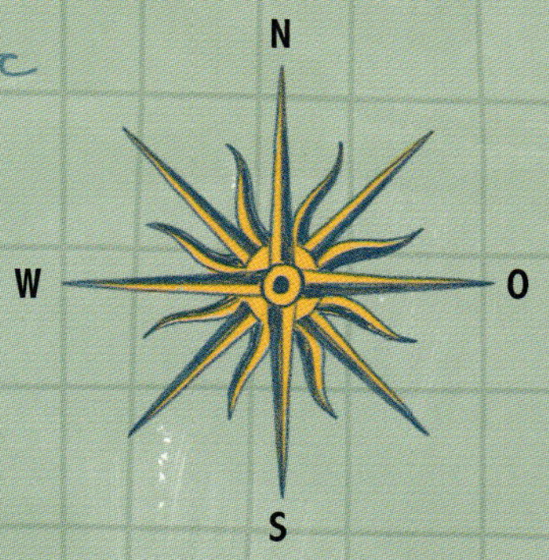

1526: MOGULREICH

Babur, ein Nachkomme Dschingis Khans, besetzt Delhi und vereint als erster Großmogul den größten Teil Nordindiens unter seiner Herrschaft.

1498: GEWÜRZHANDEL

Der portugiesische Seefahrer und Entdecker Vasco da Gama segelt von Europa aus um das Kap der Guten Hoffnung herum an der Ostküste Afrikas entlang und erreicht Indien auf dem Seeweg. Damit findet er eine neue Route für den Handel mit wertvollen Gewürzen wie Pfeffer und Muskatnuss.

1550–1650:
NEUE ENTDECKUNGEN

In dieser Zeit gab es zahlreiche wissenschaftliche Fortschritte, da die Menschen sich nicht mehr auf alte Glaubenssätze verließen und bei Experimenten in den Bereichen Physik, Astronomie, Chemie und Medizin viele neue Beobachtungen machten. Während Indien, Japan und China vereint wurden und eine kulturelle Blütezeit erlebten, litt Europa unter verheerenden Religionskriegen. Trotzdem führten die Europäer ihre Expeditionen zur Erforschung der Welt fort und kamen dabei bis nach Australien. Einige von ihnen besiedelten Nordamerika, darunter die Pilgerväter, die nach einem Ort suchten, wo sie ihre Religion unbehelligt ausüben konnten.

SCHLÜSSELEREIGNIS: DIE PILGERVÄTER KOMMEN IN AMERIKA AN

Im November 1620 erreichte ein Schiff namens Mayflower mit 102 Passagieren an Bord, von denen viele vor religiöser Verfolgung in England geflohen waren, die Küste von Massachusetts. Ein großer Teil von ihnen starb schon im ersten, strengen Winter, doch einige überlebten dank der Hilfe des einheimischen Wampanoag-Stamms. Diese Siedler, die später Pilgerväter genannt wurden, gründeten 1630 Boston.

1607: ENGLISCHE SIEDLUNG

In Jamestown, Virginia, wird die erste dauerhafte Siedlung der Engländer in Nordamerika gegründet. Viele Kolonisten sterben an Krankheiten und Hunger, bis nachkommende Siedler mit Vorräten aushelfen und mit dem Anbau und Handel von Tabak begonnen wird. Die Krankheiten, die die Europäer ungewollt einschleppen, töten viele Ureinwohner, und zwischen dem Volk der Powhatan und den Siedlern in Jamestown kommt es zum Krieg. Es ist der erste von vielen, denn die Neuankömmlinge beanspruchen immer mehr Land für sich.

ENGLAND

1606: WILLIAM SHAKESPEARE

William Shakespeares Stück *Macbeth* wird zum ersten Mal aufgeführt. Shakespeare, der berühmteste englische Dramatiker, schreibt etwa 40 Stücke, darunter Tragödien, Komödien und Historiendramen, die sich mit der Geschichte Englands befassen.

1610: GALILEO GALILEI

Der italienische Astronom Galileo Galilei beweist mithilfe des vor Kurzem erfundenen Teleskops Kopernikus' Theorie, dass die Erde sich um die Sonne dreht. Er wird von der katholischen Kirche wegen Ketzerei (Zweifel an den Lehren der Kirche) verurteilt.

HAST DU DAS GEWUSST?

Ein Gang zur Toilette war in dieser Zeit ein unappetitlicher Vorgang, denn der Inhalt des Nachttopfs musste von Hand ausgekippt werden. 1596 löste Sir John Harrington dieses Problem und erfand die erste Toilette, bei der der Inhalt mithilfe von Wasser in eine Grube befördert wurde. Er schenkte Königin Elisabeth I. ein Exemplar, doch die neue Vorrichtung gefiel ihr nicht. Es dauerte 200 Jahre, bis sie sich durchsetzen konnte, und weitere 100 Jahre, bis das Klopapier erfunden wurde.

1572: UNTERGANG DER INKA

Die Spanier besetzen die Stadt Vilcabamba, den Rückzugsort des letzten Herrschers der Inka, Túpac Amaru. Mit dem Fall der Stadt ist die Eroberung Perus abgeschlossen.

1620: DREISSIGJÄHRIGER KRIEG

Im Dreißigjährigen Krieg stehen die katholischen Reiche Spanien und Österreich größtenteils protestantischen Ländern wie Schweden und den Niederlanden gegenüber. In der ersten Schlacht wird eine protestantische Armee vom Kaiser des Heiligen Römischen Reichs besiegt.

1613: ROMANOW-DYNASTIE

Michail Romanow wird zum Zaren von Russland gewählt, womit eine von Bürgerkrieg und Hungersnöten geprägte Zeit zu Ende geht. Seine Dynastie, die Romanows, herrscht bis 1917 über Russland.

1644: QING-DYNASTIE

Aufständische erobern Peking und stürzen den letzten Ming-Kaiser. Einige Monate später nehmen Truppen der Mandschu aus dem Nordosten Asiens die Stadt ein, setzen einen Sechsjährigen auf den Kaiserthron und erobern bis 1681 das übrige China. Sie zwingen den Chinesen Sitten und Gebräuche der Mandschu auf, etwa das Tragen eines langen Zopfs für Männer. Dies ist der Beginn der Qing-Dynastie.

ITALIEN

1632: TAJ MAHAL

Der Großmogul Shah Jahan beginnt mit dem Bau des Taj Mahal in Indien, einem Grabmal für seine Frau Mumtaz Mahal. Bis zur Fertigstellung dauert es elf Jahre.

1598: HAUPTSTADT DER SAFAWIDEN

Das Reich der Safawiden, dessen Grenzen mit dem heutigen Iran übereinstimmen, bekommt mit Isfahan eine neue Hauptstadt. Der Herrscher, Schah Abbas, lässt den Meidan anlegen, einen der schönsten Plätze der Welt.

1603: EDO-ZEIT

Tokugawa Ieyasu wird Shogun von Japan und beendet einen 150 Jahre dauernden Bürgerkrieg. Die Tokugawa-Shogune regieren bis 1868. In dieser Epoche, die auch als Edo-Zeit bekannt ist, schottet sich Japan fast völlig vom Ausland ab. Japaner dürfen das Land nicht verlassen, Ausländer dürfen nicht einreisen.

1636: KAISERREICH ÄTHIOPIEN

Der äthiopische Kaiser Fasilides baut die neue Hauptstadt Gondar, in der es einen Palast, eine Bibliothek, kaiserliche Grabstätten und eine Festung gibt. Bisher hatte es keine Hauptstadt gegeben. Die Kaiser wohnten in Zeltstädten, die häufig verlegt worden waren.

1642: BEGEGNUNG MIT DEN MAORI

Der niederländische Seefahrer Abel Tasman erreicht das heutige Tasmanien und segelt dann weiter zur Südinsel Neuseelands, wo er auf die dort ansässigen Maori trifft.

1619: NIEDERLÄNDISCHE OSTINDIEN-KOMPANIE

Die mächtige Niederländische Ostindien-Kompanie erobert eine Stadt auf Java und richtet dort ihr Hauptquartier ein. Die Kompanie beherrscht den Gewürzhandel und fast ganz Indonesien. Ihr Konkurrent ist die Britische Ostindien-Kompanie, die ihr Hauptquartier in Indien hat.

TASMANIEN

SCHWERPUNKT:

JAPAN

EDO-ZEIT

Im 16. Jahrhundert war Japan kein geeintes Land mehr. Die Kaiser, von denen es früher regiert worden war, hatten ihre Macht verloren, an ihrer Stelle herrschten Shogune (Militär diktatoren). Lokale Machthaber, die Daimyō genannt wurden, kämpften mithilfe von Banden aus Samurai-Kriegern um das Land. 1603 besiegte einer von ihnen, Tokugawa, die übrigen, beendete die kriegerischen Auseinandersetzungen und einte Japan erneut. Seine Familie, die Tokugawa, beherrschten Japan als Shogune für die nächsten 250 Jahre, die als Edo-Zeit bekannt sind. Diese von Frieden geprägte Epoche führte zu einer Blütezeit der japanischen Kultur.

SAMURAI

Die Samurai waren Elitekämpfer und traten erstmals im 10. Jahrhundert in Erscheinung. Sie trugen prächtige Rüstungen, deren Helme mit Familienwappen geschmückt waren. Die Samurai waren ausgezeichnete Bogenschützen, doch ihre bekannteste Waffe war das Katana, ein rasiermesserscharfes gebogenes Schwert aus Stahl.

SHOGUNE

Ursprünglich verliehen japanische Kaiser den Titel Shogun an ihren Oberbefehlshaber. Doch 1192 riss der Shogun Minamoto no Yoritomo die Macht an sich und die Kaiser hatten fast 700 Jahre lang keinen Einfluss, während verschiedene Daimyō-Familien das Shogunat bildeten. Als die Tokugawa-Familie die Herrschaft übernahm, isolierte sie Japan von der übrigen Welt und verbot Ausländern 200 Jahre lang, das Land zu betreten. Die Tokugawa-Shogune setzten strenge Regeln durch, mit denen sie die Klassen der Daimyō und Samurai von Händlern, Kunsthandwerkern und Bauern trennten.

BERÜHMTE SAMURAI UND SHOGUNE

Viele Samurai und Shogune wurden aufgrund ihrer Heldentaten berühmt. Einige kämpften tapfer in Schlachten, andere starben lieber, als ihre Ehre zu verlieren, und manche halfen, das Land wieder zu vereinen.

MINAMOTO NO YOSHITSUNE

(1159–1189)

gewann einen Bürgerkrieg in Japan und half seinem Halbbruder, der erste regierende Shogun zu werden.

KUSUNOKI MASASHIGE

(1294–1336)

war ein Samurai, der dem Kaiser nicht den Gehorsam verweigern wollte und seine Truppen gegen eine weitaus größere Armee und damit in den sicheren Tod führte.

Samurai schworen ihrem Herrn, einem Daimyō, die Treue und folgten einem strengen Ehrenkodex namens Bushido. Viele begingen eher Selbstmord, als sich im Kampf zu ergeben oder etwas zu tun, was sie für unehrenhaft hielten.

TOKUGAWA-GESELLSCHAFT

Die Shogune der Tokugawa-Dynastie regierten mit strenger Hand und isolierten Japan vom Rest der Welt. So konnte sich eine unverwechselbare Kultur entwickeln und die Hauptstadt Edo, das heutige Tokio, erlebte eine Blütezeit der Künste. Die Daimyō begeisterten sich für Nō, eine Art Tanzdrama, das mithilfe von prächtigen Masken und Kostümen überlieferte Legenden erzählte. Das Kabuki, eine spezielle Form des Theaters mit Gesang, Pantomime und Tanz, in dem – im Gegensatz zum Nō – auch weibliche Darsteller erlaubt waren, war vor allem beim Bürgertum beliebt. Auch Ukiyo-e, eine Form des Holzschnittdrucks, florierte unter den Tokugawa.

ODA NOBUNAGA

(1534–1582)

war ein Daimyō, der mit der Einigung des Reichs begann. Er starb jedoch, bevor er sie vollenden konnte.

TOKUGAWA IEYASU

(1543–1616)

besiegte die letzten unabhängigen Daimyō und ernannte sich 1603 selbst zum Shogun, dem Herrscher über das vereinte Japan.

SANADA YUKIMURA

(1567–1615)

war ein Samurai, der die Burg Osaka 1615 gegen die Armee der Tokugawa verteidigte, beim letzten Angriff aber den Tod fand.

1650–1750: ZEITALTER DER AUFKLÄRUNG

In dieser Epoche hatten die Reiche und Dynastien Asiens mit größeren Veränderungen zu kämpfen. China eroberte neue Gebiete, doch die großen islamischen Reiche – die der Osmanen, Safawiden und Moguln – zerfielen alle. In Europa beanspruchten Könige wie Ludwig XIV. in Frankreich und Peter der Große in Russland die absolute Macht über ihre Untertanen für sich und vergrößerten ihre Königreiche. Die Menschen dort fingen an, bisher gültige Weltanschauungen infrage zu stellen, und veröffentlichten in dieser Zeit, die Aufklärung genannt wird, viele neue Theorien. In Wissenschaft und Philosophie gab es zahlreiche Fortschritte und Entdeckungen, darunter auch Isaac Newtons Theorie der Schwerkraft.

1692: HEXENPROZESSE

In Salem im amerikanischen Massachusetts kommt es zu einer Hexenjagd. Bei mehreren Prozessen gestehen viele Menschen unter Folter, eine Hexe zu sein. Vierzehn Frauen, die meisten von ihnen noch sehr jung, und fünf Männer werden gehängt.

1666: GROSSER BRAND

Der Große Brand von London bricht in einer Bäckerei aus und dauert fünf Tage. In dieser Zeit wird das Zentrum von Englands Hauptstadt fast völlig zerstört.

1661: SONNENKÖNIG

Der französische König Ludwig XIV. beginnt in Versailles nahe Paris mit den Arbeiten an einem neuen Schloss. Aufgrund seines prunkvollen Lebensstils erhält Ludwig den Beinamen „der Sonnenkönig". Unter seiner Herrschaft wird Frankreich zu einer Großmacht.

1692: ERDBEBEN

In Port Royal auf Jamaika, einem berüchtigten Zufluchtsort für Piraten, ereignet sich ein gewaltiges Erdbeben. 5000 Menschen kommen um, die Hafenstadt versinkt fast völlig im Meer.

1750: SKLAVENHANDEL

Der atlantische Sklavenhandel erreicht seinen Höhepunkt. Jedes Jahr bringen Hunderte europäischer Schiffe Sklaven aus Afrika über den Atlantik, damit sie unter entsetzlichen Bedingungen von Brasilien über die Karibik bis nach Nordamerika auf Plantagen arbeiten. Viele von ihnen sterben bei der Überfahrt. Über einen Zeitraum von 300 Jahren werden schätzungsweise zwölf Millionen Afrikaner versklavt.

1701: KÖNIGREICH DER ASCHANTI

Osei Kofi Tutu wird zum König der Aschanti gekrönt. Das Königreich der Aschanti im heutigen Ghana beherrscht den Handel mit Europa und verhindert bis ins späte 19. Jahrhundert, dass die Europäer immer mehr Gebiete Afrikas für sich in Anspruch nehmen.

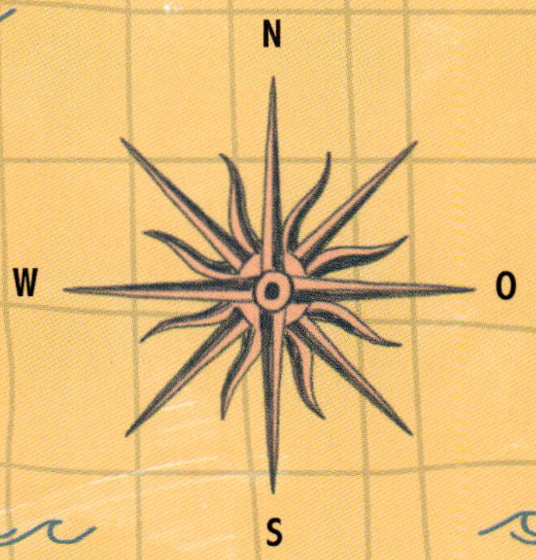

1652: KAPSTADT

Eine niederländische Expedition gründet Kapstadt, die erste europäische Siedlung in Südafrika. Kapstadt dient als Versorgungsstation für die Schiffe der Niederländischen Ostindien-Kompanie, die zu den indonesischen Gewürzinseln, den Molukken, fahren.

SCHLÜSSELEREIGNIS: DIE ENTDECKUNG DER SCHWERKRAFT

Der Legende nach entwickelte der englische Mathematiker Isaac Newton seine Theorie der Schwerkraft, als er unter einem Baum saß und von einem herabfallenden Apfel am Kopf getroffen wurde. Er erkannte, dass der Apfel durch eine unsichtbare Kraft von der Erde angezogen worden sein musste. Später erklärte er, dass die Planeten infolge der Anziehungskraft um die Sonne kreisen. Newton war einer der wichtigsten Denker der Aufklärung und revolutionierte mit der Veröffentlichung seiner Theorie im Jahr 1687 die Physik.

HAST DU DAS GEWUSST?

Die winzigen Einheiten, aus denen alle Lebewesen bestehen, bekamen ihren Namen „Zellen“ 1665 von dem englischen Gelehrten Robert Hooke, als er sie durch sein gerade erst erfundenes Mikroskop entdeckte. Er untersuchte auch Schneeflocken, Insekten und vieles mehr.

Sankt Petersburg

1703: PETER DER GROSSE

Peter der Große, Zar von Russland, gründet Sankt Petersburg als neue Hauptstadt seines Reichs. Dies ist Teil seiner Anstrengungen, das Land durch Reformen von Regierung, Wirtschaft und Ackerbau zu modernisieren. 1721 wird das Russische Kaiserreich gegründet.

CHINA

1683: QING-DYNASTIE

Kangxi, der am längsten regierende chinesische Kaiser der Geschichte, unterdrückt Aufstände so lange, bis seine Qing-Dynastie über ganz China herrscht. 1683 vergrößert er sein Reich durch die Eroberung Taiwans und zerschlägt dort eine Gruppe, die noch der alten Ming-Dynastie ergeben ist.

1736: SAFAWIDEN-DYNASTIE

Nader Schah stürzt den letzten Herrscher aus der geschwächten Dynastie der Safawiden und ernennt sich selbst zum Schah von Persien. Er ist ein mächtiger Herrscher und erobert Delhi, aus dem er erst wieder abzieht, als er vom Großmogul große Reichtümer erhält, unter anderem auch den Pfauenthron.

1707: BEGINNENDER VERFALL DES MOGULREICHS

Aurangzeb, der letzte Großmogul, der über das Reich in seiner größten Ausdehnung herrscht, stirbt. Danach wird das Reich rasch kleiner, bis es nur noch die Region um Delhi umfasst.

CA. 1690: AUSSTERBEN DES DODO

Der Dodo, ein flugunfähiger Vogel auf der Insel Mauritius, stirbt aus. Vorbeiziehende europäische Seefahrer hatten ihn wegen seines Fleischs gejagt. Die letzten Exemplare werden von Ratten getötet, die von den Schiffen flüchten.

SCHWERPUNKT:

INDISCHES MOGULREICH

KUNST UND BAUWERKE

1526 gründete ein Fürst namens Babur das Mogulreich, nachdem er in Nordindien eingefallen war und den Sultan von Delhi besiegt hatte. Seine Nachkommen erweiterten das Reich, das um 1700 den größten Teil Indiens umfasste. Sie wohnten in einem prächtigen Palast und förderten Dichter und Maler sowie den Bau spektakulärer Moscheen, Paläste und Grabmäler. Im 18. Jahrhundert kam es zu Aufständen durch Gruppen wie die Marathen. Auch die Europäer, insbesondere die Briten, besetzten immer mehr Gebiete in Indien. Der letzte Großmogul, der 1857 abgesetzt wurde, herrschte nur noch über ein kleines Reich und war so gut wie machtlos.

KUNST IM MOGULREICH

Die Großmoguln waren eifrige Kunstförderer. Im 16. Jahrhundert ließ Großmogul Akbar in einem Stil, der ursprünglich aus Persien stammte, Miniaturbilder anfertigen. Seine Nachfolger setzten diese Tradition fort. Viele Miniaturen wurden zur Illustration von Büchern über historische Ereignisse benutzt. Die Großmoguln begeisterten sich auch für Musik (sie beschäftigten Hofmusiker) und Gedichte. Bahadur Shah II., der letzte Großmogul, war selbst ein talentierter Dichter.

BAUWERKE DER MOGULZEIT

Die Großmoguln entwickelten einen eigenen Baustil, der türkische, persische und indische Elemente vereinte, und ließen prächtige Bauwerke errichten, unter anderem Festungen, Grabmäler, Paläste, Moscheen und Gärten.

GRABMAL DES HUMAYUN, DELHI

ROTES FORT, DELHI

TAJ MAHAL

Das Mogulreich war berühmt für seine prächtigen Bauten. Großmogul Shah Jahan ließ den Taj Mahal als Grabmal für seine 1631 gestorbene Lieblingsfrau Mumtaz Mahal errichten. Es dauerte 20 Jahre, bis das Mausoleum fertig war. An seinem Bau waren 20000 Arbeiter und Handwerker aus allen Teilen der islamischen Welt beteiligt. Der Taj Mahal ist 73 Meter hoch und besteht aus weißem Marmor, in den Edelsteine und Halbedelsteine eingelassen sind. Er gilt als eines der schönsten Bauwerke der Welt.

AKBAR DER GROSSE

Akbar regierte fast 50 Jahre lang, bis zu seinem Tod 1605. Er vergrößerte das Mogulreich und ließ die prächtige neue Hauptstadt Fatehpur Sikri erbauen. Unter Akbars Herrschaft häufte das Mogulreich große Reichtümer an.

JAMA MASJID, DELHI

SHALIMAR-GÄRTEN, LAHORE

KÖNIGSTOR, FATEHPUR SIKRI

1750–1825: ZEITALTER DER REVOLUTIONEN

In dieser Epoche fanden mehrere Revolutionen statt, die ganze Königsfamilien auslöschten und die Herrscher von Kolonien stürzten. In Nordamerika wurden die Vereinigten Staaten gegründet, nachdem die Briten, die dort über ihre Kolonien herrschten, einen Krieg gegen amerikanische Revolutionäre verloren hatten. In Südamerika führten die spanischen und portugiesischen Kolonien eine Reihe von Kriegen, bei denen es um ihre Unabhängigkeit ging. In Europa stürzte die Französische Revolution den König des Landes, gefolgt von einem 25 Jahre andauernden Krieg, in dem die Franzosen mit ihren Truppen gegen Spanien, Deutschland, Italien, Österreich und Russland kämpften, bevor sie schließlich eine Niederlage erlitten. Die europäischen Mächte setzten ihre Entdeckungsreisen fort und schickten Siedler in neue Gebiete, die Briten gründeten beispielsweise eine Kolonie in Australien.

1781: AMERIKANISCHER UNABHÄNGIGKEITSKRIEG

Die Briten ergeben sich in Yorktown den amerikanischen Truppen. Damit endet der Amerikanische Unabhängigkeitskrieg, durch den die Siedler seit 1775 versucht haben, von der britischen Kolonialmacht unabhängig zu werden. 1803 kauft die Regierung der Ver einigten Staaten französisches Land in Nordamerika und verdoppelt damit die Größe ihres Landes. Der neue Staat entwickelt die Ideologie des „Manifest Destiny" („offenkundiges Schicksal") und glaubt, er habe ein Recht darauf, sämtliches Land zwischen dem Atlantik und dem Pazifik aufzukaufen.

1769: DAMPFMASCHINE

Der schottische Erfinder James Watt lässt seine Dampfmaschine patentieren, die dann in neuen Maschinen für Bergwerke, Spinnereien und Fabriken verwendet wird. Die Erfindung ist ein Schlüsselmoment der Industriellen Revolution und ändert die Arbeitsweise der Menschen.

1789: FRANZÖSISCHE REVOLUTION

Der Sturm auf die Bastille, ein Gefängnis in Paris, ist der Beginn der Französischen Revolution. In deren Verlauf wird der König gestürzt und eine Regierung eingesetzt, die aus einfachen Bürgern besteht.

1791: HAITIANISCHE REVOLUTION

Unter den Sklaven auf den Plantagen in Haiti, deren Eigentümer Franzosen sind, bricht ein Aufstand aus. Die Bewegung gewinnt immer mehr Anhänger und schließlich wird Haiti unabhängig von Frankreich.

1810: MEXIKANISCHE REVOLUTION

Der katholische Priester Miguel Hidalgo ruft zum Aufstand gegen die spanische Herrschaft in Mexiko auf. Dies löst die Mexikanische Revolution aus, die 1821 mit der Unabhängigkeit des Landes endet.

1799: STEIN VON ROSETTA

In Ägypten entdecken französische Soldaten den Stein von Rosetta, ein Bruchstück einer mit Inschriften bedeckten Säule. Damit können Wissenschaftler endlich die altägyptischen Hieroglyphen entschlüsseln.

1811: UNABHÄNGIGKEIT VENEZUELAS

Nach einem von Simón Bolívar angeführten Unabhängigkeitskampf wird Venezuela von Spanien unabhängig. In den nächsten fünfzehn Jahren erstreiten er und andere Revolutionsführer Freiheit für alle unter spanischer Herrschaft stehenden Länder Südamerikas.

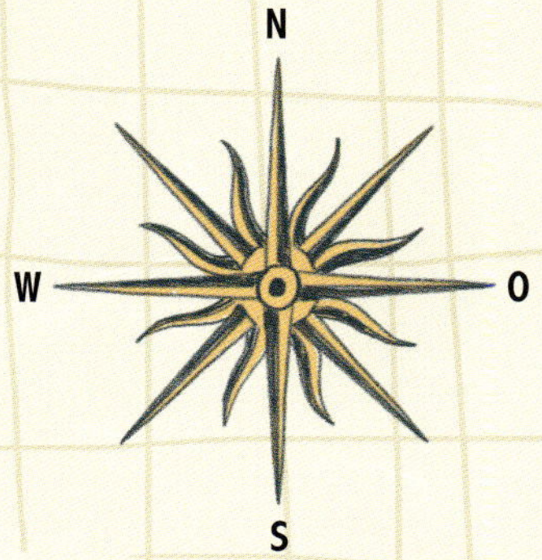

HAST DU DAS GEWUSST?

In dieser Zeit lebten zwei der berühmtesten Komponisten klassischer Musik. Wolfgang Amadeus Mozart (1756–1791) war ein Wunderkind und schuf über 600 Werke. Ludwig van Beethoven (1770–1827) komponierte neun bekannte Sinfonien, obwohl er nach und nach ertaubte.

SCHLÜSSELEREIGNIS: JAMES COOK ENTDECKT AUSTRALIEN

James Cook landete im April 1770 an der Ostküste Australiens. Zehn Tage später ging er in der Nähe des heutigen Sydney an Land. Wissenschaftler und Künstler, die Cook begleiteten, registrierten viele Pflanzen und Tiere, die bis dahin völlig unbekannt gewesen waren, unter anderem das Känguru. Obwohl die australischen Ureinwohner, die Aborigines, schon über 60 000 Jahre dort gelebt hatten, nahm Cook die Ostküste für die Briten in Anspruch. Seine Entdeckungen öffneten den Europäern die Tür zur Besiedlung Australiens.

1812: RÜCKZUG NAPOLEONS

Der französische Kaiser Napoleon hat weite Teile Europas erobert, doch als er in Russland einfällt, wird er vernichtend geschlagen und muss den Rückzug antreten. Es ist Napoleons erste große Niederlage, sie zerstört seinen Ruf, unbesiegbar zu sein. 1815 dankt er ab.

1796: WEISSER-LOTUS-REBELLION

Der Weiße Lotus, eine religiöse Geheimgesellschaft, zettelt einen Aufstand in China an, um die Qing-Dynastie zu stürzen und die alte Ming-Dynastie wieder an die Macht zu bringen. Die Unruhen werden unterdrückt, trotzdem werden weite Teile Zentralchinas von gesetzlosen Banden überfallen, wobei es viele Tote gibt.

1782: CHAKRI-DYNASTIE

Rama I., ein ehemaliger Feldherr, wird Herrscher von Thailand und begründet die Chakri-Dynastie, die heute noch an der Macht ist.

1757: BRITISCHE HERRSCHAFT IN INDIEN

Die Britische Ostindien-Kompanie treibt seit Anfang des 17. Jahrhunderts von Stützpunkten in Indien aus Handel. Nach dem Sieg der britischen Armee über den Nawab (Gouverneur) von Bengalen in der Schlacht bei Plassey übernehmen die Briten die Herrschaft in Bengalen und schließlich in fast ganz Indien.

1816: KÖNIGREICH DER ZULU

Shaka Zulu übernimmt die Macht im Königreich der Zulu, das schnell größer wird und schließlich den größten Teil des heutigen Südafrika umfasst. Das Königreich bleibt bis zur Eroberung durch die Briten 1879 bestehen.

1788: ERSTE FLOTTE

Die Erste Flotte, elf Schiffe mit Hunderten Sträflingen, die Großbritannien deportiert hat, landet in Australien. Eine Kolonie wird gegründet, es ist die erste europäische Ansiedlung in Australien. Die Siedler geraten ständig in Konflikt mit den Aborigines und stecken sie mit tödlichen Krankheiten an.

SCHWERPUNKT:

DIE VEREINIGTEN STAATEN

UNABHÄNGIGKEIT

Im 17. Jahrhundert gründete Großbritannien dreizehn Kolonien im Osten Nordamerikas. Mit der Zeit wurden die Siedler immer unzufriedener, weil sie wenig Rechte hatten und Steuern zahlen mussten, obwohl sie keine Vertreter ins britische Parlament schicken konnten. Als immer neue Steuern eingeführt wurden, protestierten einige der Siedler und Großbritannien erließ strenge Gesetze, was noch mehr Widerstand hervorrief. Die Siedler wollten ihre Kolonien von britischer Herrschaft befreien. Daraufhin brach 1775 der Amerikanische Unabhängigkeitskrieg aus.

BOSTON TEA PARTY

Einer der Auslöser für den Amerikanischen Unabhängigkeitskrieg war die Einführung von Zollgebühren für Tee, der nach Nordamerika importiert wurde. Dann allerdings wurde einigen britischen Schiffen erlaubt, Tee in die Kolonien zu bringen, ohne Zoll dafür zu zahlen. Diese Maßnahmen verärgerten die Siedler und im Dezember 1773 verkleideten sich mehrere von ihnen als amerikanische Ureinwohner, gingen an Bord von drei Schiffen, die im Hafen von Boston, Massachusetts, lagen, und warfen die aus Tee bestehende Ladung ins Meer. Die „Boston Tea Party“ führte dazu, dass die Briten noch strengere Gesetze erließen, weshalb schließlich viele Siedler der Meinung waren, dass sie sich von der britischen Herrschaft befreien mussten.

UNABHÄNGIGKEITSERKLÄRUNG DER VEREINIGTEN STAATEN

1774 veranstalteten die Siedler den Kontinentalkongress, um den Widerstand gegen die Briten zu organisieren. Im darauffolgenden Jahr kam es zu ersten Kämpfen zwischen den Kolonisten und den Briten. 1776 kam der Kontinentalkongress in Philadelphia zusammen und setzte ein Schriftstück auf, mit dem sich die dreizehn Kolonien für unabhängig erklärten. Die Unabhängigkeitserklärung wurde am 4. Juli verabschiedet und die Vertreter der Kolonien verkündeten die Geburt der Vereinigten Staaten von Amerika. Dieser Tag ist bis heute ein Feiertag in den Vereinigten Staaten. Die Briten wollten die neue Nation jedoch nicht anerkennen und der Krieg ging weiter.

DIE GRÜNDERVÄTER

Die Vereinigten Staaten haben ihre Unabhängigkeit den „Gründervätern" zu verdanken, einer Gruppe von Männern, die die neue Nation beim Widerstand gegen die Briten unterstützte und festlegte, wie das neue Land aufgebaut sein sollte. Hier werden nur einige von ihnen genannt.

GEORGE WASHINGTON

(1732–1799)

Er führte die Armee der Siedler an und wurde 1789 der erste Präsident der Vereinigten Staaten.

BENJAMIN FRANKLIN

(1706–1790)

Der Erfinder, Wissenschaftler und Diplomat half mit, die Unabhängigkeitserklärung und die Verfassung der Vereinigten Staaten (in der die Gesetze für das Land festgelegt wurden) zu schreiben.

JOHN ADAMS

(1735–1826)

Er handelte mit anderen zusammen den Friedensvertrag mit Großbritannien aus, der den Amerikanischen Unabhängigkeitskrieg beendete, und wurde 1797 der zweite Präsident der Vereinigten Staaten.

THOMAS JEFFERSON

(1743–1826)

Der Anwalt und Diplomat gilt als Hauptautor der amerikanischen Unabhängigkeitserklärung und wurde 1801 zum dritten Präsidenten der Vereinigten Staaten gewählt.

DER UNABHÄNGIGKEITSKRIEG

Die ersten Kämpfe fanden 1775 in Lexington und Concord in Massachusetts statt, zu Ende war der Krieg zwischen Briten und Kolonisten erst acht Jahre später. Obwohl die britische Armee einige Siege erringen konnte, wurde sie allmählich von der Kontinentalarmee unter der Führung von George Washington zurückgedrängt. Als sich die Franzosen mit den Kolonisten verbündeten, verlor Großbritannien die Seeherrschaft und 1781 ergab sich die britische Armee in Yorktown nach der letzten großen Schlacht in diesem Krieg. 1783 unterzeichnete Großbritannien einen Friedensvertrag mit den Amerikanern und erkannte die Unabhängigkeit der Vereinigten Staaten an.

1825–1875: EINHEIT UND REBELLION

Während dieser Zeit änderte sich für viele Länder die Art und Weise, in der sie regiert wurden. In Japan kehrten die Kaiser zurück und begannen mit Reformen, während Großbritannien sein Weltreich in Afrika und Asien vergrößerte, was zu Konflikten mit Einheimischen und großer Ungerechtigkeit führte. Der Bürgerkrieg in den Vereinigten Staaten führte fast zum Auseinander brechen der neuen Nation, während Deutschland und Italien, die bis dahin aus vielen Einzelstaaten bestanden hatten, sich zu vereinten Ländern zusammenschlossen. Die Wissenschaft machte weiterhin große Fortschritte, zum Beispiel entwickelte Charles Darwin seine Evolutionstheorie, und es gab zahlreiche Erfindungen wie etwa die Fotografie.

1863: AMERIKANISCHER BÜRGERKRIEG

Seit 1861 kämpfen die in der Union verbliebenen Nordstaaten und die in der Konföderation vereinigten Südstaaten im amerikanischen Bürgerkrieg um die Sklavenfrage. Der Sieg der Union in der Schlacht von Gettysburg 1863 ist der Wendepunkt des Krieges. Zwei Jahre später sind die Konföderierten besiegt und die Sklaverei wird überall in den Vereinigten Staaten abgeschafft, allerdings werden ehemalige Sklaven immer noch stark benachteiligt.

1845: HUNGERSNOT IN IRLAND

Eine Krankheit befällt die Kartoffelpflanzen, die das Hauptnahrungsmittel der irischen Bevölkerung sind. Es kommt zu einer großen Hungersnot. Etwa eine Million Iren sterben, zwei Millionen wandern in die USA aus.

IRLAND

DEUTSCHLAND

1826: ERSTE FOTOGRAFIE

Nicéphore Niépce nimmt mit einer Camera obscura die erste Fotografie der Welt auf: Er fotografiert die Straße vor seinem Studio in Frankreich. Die Belichtungszeit der Aufnahme beträgt acht Stunden.

1847: UNABHÄNGIGKEIT LIBERIAS

Das 1821 zur Ansiedlung freier Afroamerikaner und ehemaliger Sklaven gegründete Liberia wird unabhängig. Es gehört neben Äthiopien zu den beiden einzigen Ländern Afrikas, die nie von den Europäern kolonisiert werden.

1864: TRIPEL-ALLIANZ-KRIEG

Zwischen Paraguay und seinen verbündeten Nachbarn Uruguay, Brasilien und Argentinien bricht der Tripel-Allianz-Krieg aus. Der Krieg endet verheerend für Paraguay, das einen großen Teil seines Staatsgebiets abtreten muss und dadurch etwa 60 Prozent seiner Bevölkerung verliert.

HAST DU DAS GEWUSST?

1837 entwarf der englische Erfinder Charles Babbage die mechanische Rechenmaschine *Analytical Engine*. Sie gilt als erster Computer, war aber so kompliziert, dass man sie mit dem damaligen technischen Wissen nicht bauen konnte. Ada Lovelace schrieb eine Bedienungsanleitung für die *Analytical Engine* und war damit die erste Computerprogrammiererin der Welt.

SCHLÜSSELEREIGNIS: EVOLUTIONSTHEORIE

1859 veröffentlichte der englische Wissenschaftler Charles Darwin eine Theorie, die viele Menschen schockierte und christliche Glaubenssätze infrage stellte. Seine Evolutionstheorie besagte, dass sich Lebewesen im Laufe der Zeit durch natürliche Auslese verändern. Das bedeutet, dass Tiere, die sich ihrer Umgebung am besten anpassen, länger überleben und mehr Junge bekommen.

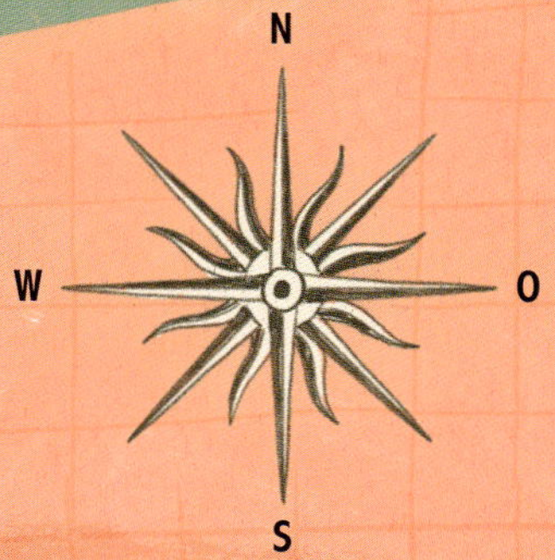

1868: MEIJI-RESTAURATION

In Japan wird der letzte Shogun der Tokugawa-Dynastie abgesetzt und Meiji Tenno als Kaiser eingesetzt. Dies ist der Beginn der Meiji-Restauration. In dieser Zeit öffnet sich das Land Europa und das Shogunat wird abgeschafft.

1853: KRIMKRIEG

Zwischen dem Osmanischen Reich und Russland bricht der Krimkrieg aus. Großbritannien und Frankreich treten als Verbündete der Osmanen in den Krieg ein. Zum ersten Mal werden fotografische Aufnahmen zur Dokumentation eines Krieges verwendet. Der Krimkrieg ist auch der Beginn der modernen Krankenpflege, denn durch Florence Nightingales Arbeit in einem Militärkrankenhaus können die Todesfälle unter den Soldaten dort erheblich verringert werden. 1856 wird Russland besiegt.

1871: DEUTSCHE REICHSGRÜNDUNG

Wilhelm I. von Preußen wird zum deutschen Kaiser ernannt, was die Gründung des neu geschaffenen Deutschen Reichs abschließt. Im selben Jahr wird auch Italien nach einem von dem Revolutionär Giuseppe Garibaldi angeführten Feldzug geeint.

1839: ERSTER OPIUMKRIEG

Zwischen Großbritannien und China bricht Krieg aus. Britische Händler erzielen gigantische Gewinne mit dem Verkauf von Opium nach China, wo Millionen Chinesen von der Droge abhängig werden. Chinas Versuch, den Opiumhandel zu stoppen, führt zu Seekämpfen. Die Briten gewinnen den Krieg und besetzen Hongkong, das bis 1997 unter britischer Herrschaft steht.

1857: INDISCHER AUFSTAND

Unter den indischen Soldaten (Sepoys) der Britischen Ostindien-Kompanie kommt es zu einem Aufstand, der gewaltsam niedergeschlagen wird. Der letzte Großmogul wird ins Exil verbannt und die britische Regierung übernimmt die Macht in Indien.

1840: VERTRAG VON WAITANGI

Anführer der Maori stimmen dem Vertrag von Waitangi zu, der von der britischen Regierung verfasst wurde. In dem Vertrag wird vereinbart, dass Großbritannien Neuseeland als Kolonie für sich beanspruchen kann, die Maori aber die Kontrolle über ihr Land behalten.

1835: GROSSER TRECK

Niederländisch sprechende Siedler, die der britischen Herrschaft in der afrikanischen Kapkolonie (im heutigen Südafrika) entkommen wollen, beginnen einen „Großen Treck“ in Richtung Norden. Sie geraten mit den Zulu in Konflikt, gründen dort aber eigene unabhängige Staaten.

1875–1922: DIE WELT IM KRIEG

In dieser Epoche kam es zum Untergang mehrerer großer Reiche. Der Erste Weltkrieg schwächte europäische Länder, während das Russische Kaiserreich nach einer kommunistischen Revolution unterging und Land und Fabriken von der Regierung übernommen wurden. In China wurde nach einer Reihe von Aufständen, zu dem auch der gegen ausländischen Einfluss gerichtete Boxeraufstand gehörte, der letzte Kaiser gestürzt.

1876: ERSTER TELEFONANRUF

Alexander Graham Bell, der Erfinder des Telefons, tätigt den ersten Telefonanruf der Welt. Er ruft seinen Assistenten Thomas Watson an, der im Raum neben Bells Labor in Boston sitzt, und sagt: „Mr Watson, kommen Sie herüber. Ich brauche Sie."

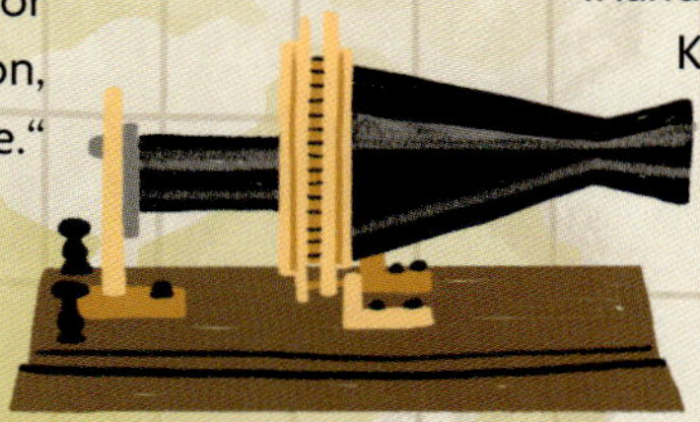

1921: BRITISCHES WELTREICH

Das Britische Weltreich wird zum größten Reich aller Zeiten und erstreckt sich über fast ein Viertel der Landfläche der Erde. Es entstehen jedoch immer mehr Unabhängigkeitsbewegungen – Irland verlässt das Reich, andere Kolonien protestieren gegen die britische Herrschaft.

1876: SCHLACHT AM LITTLE BIGHORN

Die amerikanisch-indianischen Kriege im 19. Jahrhundert werden zwischen amerikanischen Ureinwohnern und Siedlern geführt, die das Land der Ureinwohner an sich gerissen haben. In der Schlacht am Little Bighorn besiegen Krieger der Cheyenne und der Lakota-Sioux unter der Führung von Sitting Bull die US-Armee. Das bleibt aber der einzige Erfolg der Ureinwohner. 1890 sind sie endgültig besiegt und müssen von nun an in Reservaten leben, wo sie ihre kulturellen Traditionen nur mit Mühe pflegen können.

1914: ERSTER WELTRKIEG

Ein serbischer Revolutionär ermordet den österreichischen Erzherzog Franz Ferdinand. Die europäischen Mächte unterstützen entweder Serbien oder Österreich-Ungarn, was zum Ausbruch des Ersten Weltkriegs führt. Der Krieg dauert vier Jahre und fordert 20 Millionen Menschenleben.

1892: ELLIS ISLAND

Im Hafen von New York wird auf Ellis Island eine Aufnahmestelle für Einwanderer eröffnet, die bis 1954 in Betrieb ist. In dieser Zeit kommen über zwölf Millionen Einwanderer an, die häufig politischer Verfolgung oder ärmlichen Verhältnissen entfliehen. Die Menschen erreichen Ellis Island mit Schiffen und dürfen die Insel erst nach einer gründlichen Untersuchung verlassen.

1897: UNTERGANG VON BENIN

Eine britische Expedition erobert die Stadt Benin und sorgt für den Untergang des Königreichs. Benins Schätze, unter anderem Bronzeplaketten aus dem Palast, werden geplündert. Anfang des 20. Jahrhunderts sind fast alle afrikanischen Länder durch europäische Mächte kolonisiert.

HAST DU DAS GEWUSST?

Die amerikanischen Wright-Brüder führten am 17. Dezember 1903 den ersten Motorflug der Welt durch. Das Flugzeug bestand aus Stoff und Holz, blieb nur zwölf Sekunden lang in der Luft und legte eine Strecke von etwa 40 Metern zurück. Dies war der Beginn der Luftfahrt.

1911: EXPEDITION ZUM SÜDPOL

Eine von Roald Amundsen geführte Expedition erreicht erstmals den Südpol und schlägt damit Robert Scotts britisches Team, das ebenfalls auf dem Weg zum Südpol ist, um fünf Wochen.

SCHLÜSSELEREIGNIS: BOXERAUFSTAND

Viele Menschen in China waren unzufrieden mit dem wachsenden Einfluss von Europäern, die die Häfen an Chinas Küste kontrollierten. Im Jahr 1900 ermutigten chinesische Regierungsvertreter eine Geheimgesellschaft namens „Fäuste der Gerechtigkeit und Harmonie", deren Ziel die Vertreibung von Ausländern war, die Hauptstadt Peking anzugreifen. Die Boxer eroberten die Stadt und belagerten die ausländischen Gesandtschaften. Mehrere Länder, darunter Japan, Russland, Großbritannien, die Vereinigten Staaten und Frankreich, schickten Truppen zur Rettung ihrer Diplomaten. Die chinesische Regierung musste einen Friedensvertrag mit den ausländischen Mächten unterschreiben und erklärte sich bereit, eine gewaltige Summe als Entschädigung zu zahlen. Daraufhin waren jedoch noch mehr Chinesen der Meinung, dass die Kaiser nicht in der Lage waren, China zu verteidigen, und dass das System sich ändern musste.

1917: RUSSISCHE REVOLUTION

Der russische Zar Nikolaus II. wird durch eine Revolution gestürzt. Eine kommunistische Gruppe (die Privateigentum abschaffen und in Gemeinbesitz umwandeln will) unter der Führung von Vladimir Lenin übernimmt die Macht. Nach einem Bürgerkrieg wird 1922 die Union der Sozialistischen Sowjetrepubliken (UdSSR) gegründet.

1911: CHINESISCHE REVOLUTION

Nach einem Aufstand gegen die Qing-Dynastie endet nach 2100 Jahren die Herrschaft der chinesischen Kaiser. Viele traditionelle Gepflogenheiten wie etwa der Männerzopf werden abgeschafft. Es wird eine Regierung gebildet, die die neu geschaffene Republik China führen soll.

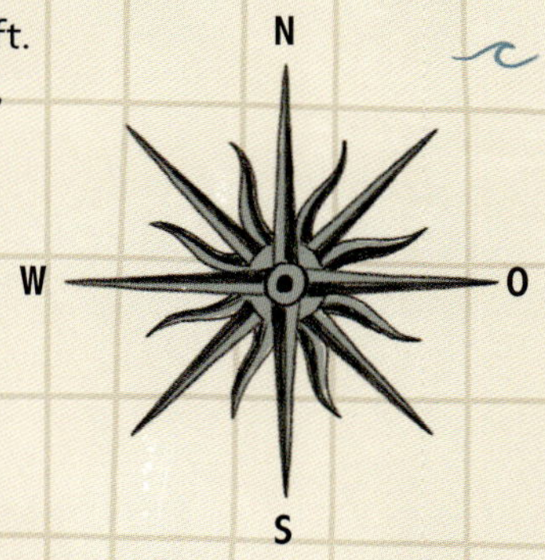

1919: INDISCHE UNABHÄNGIGKEITSBEWEGUNG

Ein britischer Kommandeur in Amritsar befiehlt seinen Soldaten, auf eine Menschenmenge aus unbewaffneten indischen Demonstranten zu schießen. Hunderte werden getötet und die Unterstützung für die indische Unabhängigkeitsbewegung unter der Führung von Mahatma Gandhi wächst. Gandhi organsiert friedliche Proteste, mit denen er die Briten dazu bringen will, Indien zu verlassen.

1896: ÄTHIOPIEN BLEIBT UNABHÄNGIG

Kaiser Menelik II. von Äthiopien besiegt in der Schlacht bei Adua italienische Invasionstruppen. Damit bleibt Äthiopien neben Liberia das einzige Land Afrikas, das nie von den Europäern kolonisiert wurde.

1893: FRAUENWAHLRECHT

Neuseeland ist das erste Land der Welt, das Frauen erlaubt, an politischen Abstimmungen teilzunehmen. Erreicht wird dies durch eine Kampagne von sogenannten Suffragetten. Eine dieser Frauen ist Kate Sheppard.

SCHWERPUNKT:

ERSTER WELTKRIEG

STELLUNGSKRIEG

Der Erste Weltkrieg brach im August 1914 aus. Nachdem ein junger Serbe den österreichischen Erzherzog ermordet hatte, unterstützte Deutschland seinen Nachbarn Österreich-Ungarn (die sogenannten Mittelmächte), doch Russland, Frankreich, Großbritannien und Italien (die sogenannten Alliierten) verbündeten sich mit Serbien. Kurz darauf kam es in Europa, dem Nahen Osten und Ostafrika zu ersten Kämpfen zwischen den Parteien. An der Westfront in Belgien und Frankreich bauten beide Seiten gewaltige Grabensysteme, die Angriffe des Gegners erschwerten. Bei den Kämpfen in diesem Gebiet kamen im Verlauf des Krieges Hunderttausende Soldaten ums Leben.

DIE GRÄBEN

Die Gräben waren etwa zwei Meter breit und drei Meter tief, sodass die Soldaten darin stehen konnten, ohne dem feindlichen Beschuss ausgesetzt zu sein. Sandsäcke und Stacheldraht sorgten für zusätzliche Sicherung und wurden häufig im Zickzack aufgebaut, um Angriffe zu erschweren. Das Leben in den Gräben war schwierig: Der feuchte Erdboden verursachte Infektionen und viele Soldaten verloren Füße oder Zehen oder erfroren.

SCHLÜSSELDATEN:
Im Ersten Weltkrieg wurden viele Schlachten geschlagen und als er vorbei war, hatten etwa zehn Millionen Soldaten ihr Leben verloren. Einige Schlüsselereignisse:

SEPTEMBER 1914

SCHLACHT AN DER MARNE

Zu Beginn des Krieges kann die deutsche Armee fast einen Sieg über die Franzosen erringen, doch dann gewinnen diese die Oberhand. Das bedeutet, dass der Krieg nicht so schnell vorbei sein wird.

JULI 1916

SCHLACHT AN DER SOMME

An der größten Schlacht in diesem Krieg nehmen drei Millionen Soldaten teil, von denen über eine Million sterben.

GEFECHTE

Die Soldaten in den Gräben verbrachten viel Zeit damit, zu warten, zu patrouillieren oder etwas zu reparieren. Gelegentlich versuchten sie, einen Graben des Feindes einzunehmen. Dazu mussten sie das Gelände zwischen den Gräben (das „Niemandsland") durchqueren und Stacheldraht und andere Hindernisse überwinden, während sie mit Maschinengewehren beschossen wurden. Bei diesen Angriffen gab es immer viele Verluste und normalerweise wurde damit nur wenig Boden gutgemacht.

NEUE WAFFEN

Beide Seiten erfanden neue Waffen, mit denen sie die Eroberung der feindlichen Gräben einfacher machen wollten. 1916 entwickelten die Briten einen Panzer, ein gepanzertes Fahrzeug auf Ketten, das schlammiges Gelände durchqueren konnte und Soldaten vor Maschinengewehrfeuer schützte. Die ersten Modelle waren jedoch sehr unzuverlässig und blieben häufig liegen.

Die Armeen verwendeten auch Giftgas, das große Schmerzen verursachte und manchmal auch tödlich war, wenn es eingeatmet wurde. Gegen Ende des Krieges wurden auch Flugzeuge eingesetzt, zuerst zu Spionagezwecken und der Erstellung von Landkarten, dann auch, um Bomben auf feindliche Gräben und Fahrzeuge abzuwerfen. 1918, nach vier Jahren, siegten die Alliierten und der Krieg war zu Ende.

APRIL 1917

KRIEGS-EINTRITT DER USA

Als die Vereinigten Staaten sich nach Angriffen der Deutschen auf amerikanische Schiffe den Alliierten anschließen, ist das die entscheidende Wende im Kampf gegen die Deutschen.

NOVEMBER 1918

WAFFENSTILLSTAND

Weil die deutschen Truppen immer weiter zurückgedrängt werden, beginnt Deutschland Verhandlungen über einen Waffenstillstand und unterzeichnet ein Abkommen, das den Krieg beendet.

1922–1945: KRIEG UND FRIEDEN

Nach dem Ersten Weltkrieg hofften die Menschen auf Frieden und Wohlstand, doch ihre Träume wurden durch die Weltwirtschaftskrise zunichtegemacht, in der der Handel zwischen Ländern versiegte und Millionen Menschen arbeitslos wurden. Dies führte dazu, dass viele von ihnen rechtsextreme Parteien wählten, die ihnen ein besseres Leben versprachen. In Deutschland kamen die Nationalsozialisten (Nazis) unter Adolf Hitler an die Macht. Seine Armee marschierte in Teile Europas ein, von denen er behauptete, sie gehörten zu Deutschland. Daraufhin brach der Zweite Weltkrieg aus, in dem weite Teile Europas und Asiens zerstört wurden. Während des Krieges verfolgten die Nazis Juden, zuerst in Deutschland, dann in ganz Europa.

1928: WALT DISNEY

Der amerikanische Trickfilmzeichner bringt *Steamboat Willie* heraus, den ersten Zeichentrickfilm mit der Cartoonfigur Micky Maus.

1922: IRISCHER BÜRGERKRIEG

Zwischen Unterstützern der irischen Regierung und Gegnern des Vertrags, durch den der Süden Irlands vom Vereinigten Königreich unabhängig wird, kommt es zu einem Bürgerkrieg. Die Regierung beansprucht den Sieg für sich, doch Unstimmigkeiten bleiben.

IRLAND

SPANIEN

1929: BÖRSENCRASH

Als die Aktienkurse an der New Yorker Börse einbrechen, verlieren viele Menschen ihre Ersparnisse. In der darauffolgenden Weltwirtschaftskrise brechen Volkswirtschaften zusammen und die Arbeitslosigkeit steigt weltweit.

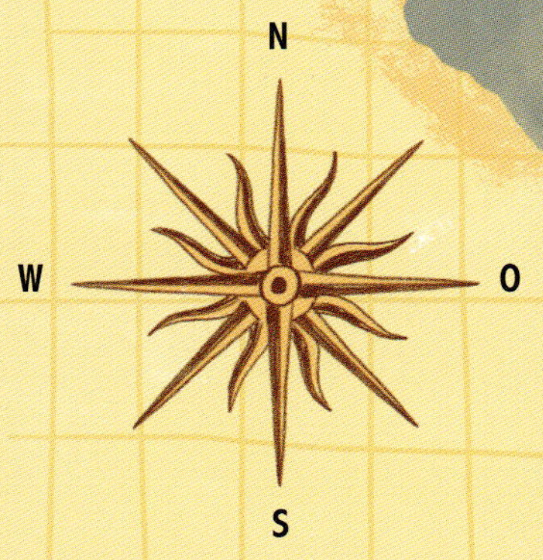

1936: SPANISCHER BÜRGERKRIEG

General Francisco Franco gibt das Signal zu einem Militäraufstand gegen die spanische Regierung und löst damit einen Bürgerkrieg aus. Zivilisten, unter ihnen auch Frauen, und Freiwillige aus dem Ausland schließen sich den Kämpfen an, die Städte werden zu Schlachtfeldern. 1939 erobert Franco die Hauptstadt Madrid. Er herrscht bis zu seinem Tod 1975 als Diktator über Spanien.

HAST DU DAS GEWUSST?

Albert Einstein, einer der berühmtesten Wissenschaftler aller Zeiten, erhielt 1922 den Nobelpreis in Physik. Mit seiner Relativitätstheorie erklärte er, wie sich Raum, Zeit und Schwerkraft gegenseitig beeinflussen, und seine Energieformel $E=mc^2$ ist die berühmteste Gleichung aller Zeiten.

1930: VARGAS ERGREIFT DIE MACHT

Getúlio Vargas zettelt einen Aufstand an und übernimmt die Macht in Brasilien. Er herrscht ab 1937 als Diktator und unterdrückt jegliche Opposition, stößt aber gleichzeitig Reformen an, um die Löhne der Arbeiter zu verbessern und die Industrie zu fördern.

SCHLÜSSELEREIGNIS: „KRISTALLNACHT“

Nachdem Adolf Hitler 1933 an die Macht gekommen war, wurden deutsche Juden immer stärker benachteiligt und verfolgt. Jüdische Studenten durften keine Universitäten mehr besuchen, Geschäfte im Besitz von Juden wurden beschlagnahmt. Im November 1938 organisierte die nationalsozialistische Partei eine Reihe von Überfällen auf jüdische Geschäfte und Synagogen. Dabei wurden Dutzende Juden getötet und 30 000 von ihnen verhaftet und in Konzentrationslager gebracht, wo viele von ihnen starben. Diese Aktionen wurden „Kristallnacht“ genannt, weil nach den Anschlägen überall das Glas von zertrümmerten Fensterscheiben auf der Straße lag. Im Zweiten Weltkrieg töteten die Nazis sechs Millionen Juden, was als Holocaust bezeichnet wird.

1939: ZWEITER WELTKRIEG

Deutsche Truppen marschieren in Polen ein. Als Großbritannien und Frankreich Deutschland daraufhin den Krieg erklären, beginnt der Zweite Weltkrieg. Es ist der größte Krieg der Geschichte. Er dauert sechs Jahre und fordert über 70 Millionen Menschenleben.

1928: FÜNFJAHRESPLAN

In der UdSSR übernimmt Josef Stalin die Macht und erstellt Fünfjahrespläne, mit denen er das Land modernisieren und die Industrie verbessern will. Als er den Bauern ihr Land wegnimmt, sterben Millionen Menschen während einer Hungersnot. Seine Gegner lässt Stalin häufig hinrichten.

1937: JAPAN FÄLLT IN CHINA EIN

Japan startet einen Angriff auf Ostchina. Die japanische Armee erobert die Hauptstadt Nanking und richtet ein Massaker an der Bevölkerung an, bei dem mindestens 100 000 Zivilisten getötet werden.

1934: LANGER MARSCH

In China herrscht seit 1927 ein Bürgerkrieg zwischen der Regierung und der Kommunistischen Partei. 1934 müssen die Kommunisten unter der Führung von Mao Tsetung ihr Hauptquartier im Süden verlassen. Sie begeben sich auf einen „Langen Marsch“, auf dem viele Tausend Menschen sterben. Die Überlebenden erreichen nach einem Jahr das sichere Nordchina.

1930: LETZTER KAISER

Haile Selassie wird Kaiser von Äthiopien. Er ist der letzte Vertreter einer Herrscherlinie, die 700 Jahre zurückreicht. Als die Italiener 1936 in Äthiopien einmarschieren, muss Haile Selassie für fünf Jahre das Land verlassen. 1974 wird er nach einer großen Hungersnot gestürzt.

1930: GANDHIS SALZMARSCH

Mahatma Gandhi setzt seinen gewaltlosen Widerstand gegen die britische Herrschaft in Indien fort und veranstaltet einen „Salzmarsch“, um Salz an der Küste zu sammeln (was unter britischer Herrschaft verboten ist). Gandhi wird verhaftet, erregt aber international viel Aufmerksamkeit und setzt seine Kampagne für die Unabhängigkeit Indiens fort (die 1947 erreicht wird).

1930: ERSTER ALLEINFLUG EINER FRAU

Amy Johnson ist die erste Frau, der ein Alleinflug von Großbritannien nach Australien gelingt. Sie braucht neunzehn Tage für die Strecke.

SCHWERPUNKT:

ZWEITER WELTKRIEG

LUFTANGRIFFE

Die Kampfhandlungen im Zweiten Weltkrieg (1939–1945) betrafen ganz Europa, Nordafrika, Ost- und Südostasien, den Pazifikraum und den Atlantik. Im Ersten Weltkrieg hatte es nur wenige Luftangriffe gegeben, doch jetzt wurden unzählige Bomben auf Städte und Industriestandorte in Ländern wie Großbritannien, der UdSSR, China und Deutschland abgeworfen. Damit sollte Angst verbreitet, möglichst viel Schaden angerichtet und eine Kapitulation erzwungen werden. 1940 und 1941 griffen deutsche Bomber viele britische Städte an. Gegen Ende des Krieges wurden bei Luftangriffen der Briten und Amerikaner viele deutsche Städte wie zum Beispiel Dresden zerstört und Hunderttausende Zivilisten getötet. Die angegriffenen Länder verteidigten sich mit Kampfflugzeugen und Flugabwehrkanonen.

DER BLITZ

Nachdem es der deutschen Luftwaffe nicht gelungen war, die britischen Fliegereinheiten zu besiegen, begann sie im September 1940 mit der Bombardierung britischer Städte. Während der Angriffswelle, die als „Blitz" bezeichnet wurde, warfen die Deutschen fast zwei Monate lang jede Nacht Bomben über London ab. Auch viele andere britische Städte wurden bombardiert, darunter Liverpool, Coventry, Swansea, Belfast und Glasgow, wo auch die Werften zum Ziel wurden. Über 43 000 Menschen wurden getötet und Zehntausende Gebäude beschädigt, unter anderem auch das Parlamentsgebäude in London. Der „Blitz" endete im Mai 1941. Zum Kriegsende verstärkten die Briten und Amerikaner ihre Luftangriffe auf deutsche Städte, in der Hoffnung, damit den Kampfgeist der Deutschen zu brechen und die Kampfhandlungen zu beenden. Dabei kamen Hunderttausende Zivilisten ums Leben.

SCHLÜSSELDATEN:

Am Zweiten Weltkrieg waren Länder aus der ganzen Welt beteiligt. Dieser Krieg war der tödlichste Konflikt der Geschichte, über 70 Millionen Menschen verloren ihr Leben. Einige Schlüsselereignisse:

September 1939
Nach dem Einmarsch Deutschlands in Polen bricht Krieg aus.

September 1940 – Mai 1941
Während des „Blitz" greifen deutsche Bombenflugzeuge viele britische Städte an.

Juni 1941
Deutschland marschiert in der Sowjetunion ein. Der Angriff endet mit einer Niederlage.

EVAKUIERUNG

Zum Schutz der Zivilisten wurden die Schulen geschlossen und die Kinder aus den Städten aufs Land geschickt. Während der Luftangriffe wurde die Bevölkerung mit Luftschutzsirenen gewarnt und in besonders stabil gebaute Luftschutzräume geschickt. In London schliefen die Menschen auf den Bahnsteigen der U-Bahn. In ganz Großbritannien war es gesetzlich vorgeschrieben, alle Fenster in Häusern und Wohnungen mit dichten Vorhängen zu verdunkeln, damit kein Licht nach draußen drang und die deutschen Bomberpiloten ihre Ziele nicht so gut erkennen konnten.

ATOMBOMBEN

Während des Krieges entwickelten die Vereinigten Staaten Atomwaffen, die weitaus zerstörerischer waren als normale Bomben. Im August 1945 warfen amerikanische Flugzeuge Atombomben auf die japanischen Städte Nagasaki und Hiroshima ab. Dabei kamen schätzungsweise 200 000 Zivilisten ums Leben, viele von ihnen durch die bei den Explosionen frei gewordene Strahlung. Kurze Zeit später kapitulierte Japan, damit war der Zweite Weltkrieg zu Ende.

Dezember 1941
Nach dem Angriff der Japaner auf den Marinestützpunkt Pearl Harbor treten die Vereinigten Staaten in den Krieg ein.

Februar 1945
Briten und Amerikaner werfen Bomben auf die deutsche Stadt Dresden ab, dabei kommen 25 000 Zivilisten ums Leben.

Mai 1945
Die Russen marschieren in Berlin ein. Deutschland kapituliert, der Krieg in Europa ist zu Ende.

August 1945
Die Vereinigten Staaten werfen Atombomben auf japanische Städte ab und beenden damit den Krieg im Pazifikraum.

HAST DU DAS GEWUSST?

Die ersten Fast-Food-Restaurantketten entstanden in den 1950ern in den USA. McDonald's, Burger King und KFC servierten Burger, Pommes frites, Milchshakes und noch einiges mehr und wurden bald weltweit bekannt.

1953: KÖNIGIN ELISABETH II.

Elisabeth II. wird Königin des Vereinigten Königreichs. Ihre im Fernsehen übertragene Krönung führt dazu, dass viele Menschen Fernsehgeräte kaufen, die bis dahin eher selten waren. Sie wird die am längsten regierende Monarchin des Landes werden.

1955: BÜRGERRECHTSBEWEGUNG

Rosa Parks wird verhaftet, nachdem sie sich weigert, in einem Bus in Alabama auf einen für Schwarze reservierten Sitz zu wechseln. 1956 entscheidet das Oberste Gericht der Vereinigten Staaten, dass es verboten ist, vorzuschreiben, wo Schwarze sitzen können – ein wichtiger Moment im Kampf für gleiche Rechte und gegen Rassentrennung, die Schwarzen nicht erlaubt, die gleichen Einrichtungen, Schulen und Wohnviertel wie Weiße zu benutzen.

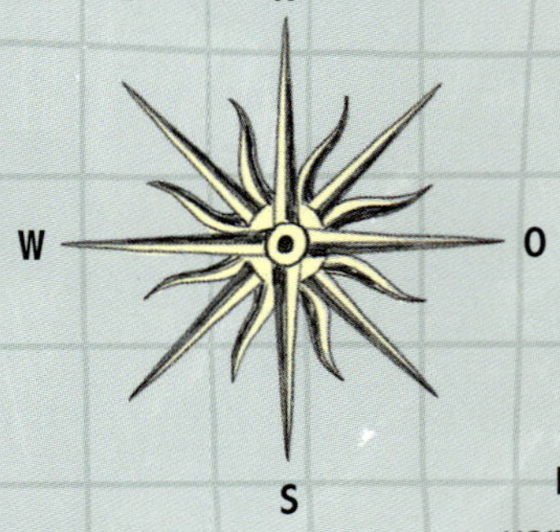

VEREINIGTES KÖNIGREICH

Berlin

1948: BERLINER BLOCKADE

Die Sowjetunion verhindert die Lieferung von Lebensmitteln und Medikamenten nach Westberlin, das nach dem Zweiten Weltkrieg von Briten, Franzosen und Amerikanern verwaltet wird. Daraufhin bilden diese Länder eine „Luftbrücke" und schicken Flugzeuge nach Westberlin, die die Stadt mit über zwei Millionen Tonnen Fracht versorgen und vor einer Übernahme durch die Sowjets bewahren.

KUBA

1959: KUBANISCHE REVOLUTION

Fidel Castro stürzt die Regierung in Kuba, die von den USA unterstützt wird. Er setzt eine kommunistische Regierung ein und bleibt bis 2008 Präsident. Viele Kubaner fliehen vor der kommunistischen Herrschaft und lassen sich in den Vereinigten Staaten nieder.

1946: PRÄSIDENT PERÓN

Juan Perón wird Präsident von Argentinien. Er und seine Frau Eva (Evita genannt) sind zuerst sehr beliebt bei der ärmeren Bevölkerung. Nach Evas Tod 1952 verliert Juan die Unterstützung der Argentinier und geht, nachdem er gestürzt wurde, 1955 ins Exil.

1957: UNABHÄNGIGKEIT GHANAS

Ghana wird unabhängig und Kwame Nkrumah zum ersten Präsidenten gewählt. Das Land ist die erste von Großbritanniens afrikanischen Kolonien südlich der Sahara, die die Unabhängigkeit erreicht.

1948: APARTHEID

Die Nationalpartei in Südafrika führt die Apartheid ein, ein System der Rassentrennung, durch das Schwarze und Weiße voneinander getrennt werden. Schwarze Südafrikaner werden dadurch benachteiligt, zum Beispiel dürfen sie nur in bestimmten Gegenden wohnen.

1945–1960: BEGINN EINER NEUEN WELT

Das Ende des Zweiten Weltkrieges brachte neue Probleme mit sich. Jetzt standen sich zwei Systeme gegenüber: Die Sowjetunion und ihre Verbündeten, die an den Kommunismus glaubten, und die Vereinigten Staaten sowie mit ihnen befreundete Nationen, die sich für die Demokratie aussprachen. Daraus entwickelte sich der Kalte Krieg, in dem sich die USA und die Sowjetunion zwar nie direkt bekämpften, aber bei einer Reihe von Konflikten jeweils andere Seiten unterstützten. In Afrika und Asien erstritten sich in dieser Zeit viele Länder ihre Unabhängigkeit, während einige europäische Länder nicht mehr genug Geld oder Macht zum Erhalt ihrer großen Reiche hatten.

SCHLÜSSELEREIGNIS: TEILUNG INDIENS

1947 wurde Indien unabhängig, vorher aber in das mehrheitlich von Muslimen bevölkerte Pakistan im Nordwesten und Teilen des Nordostens und in das überwiegend von Hindus bevölkerte übrige Indien aufgeteilt. Plötzlich befanden sich Millionen Menschen im „falschen" Teil des Landes. Viele verließen deshalb zu Fuß oder in überfüllten Zügen ihre Heimatorte und es kam zu Gewaltausbrüchen. Über eine Million Menschen wurde getötet und die von der Teilung des Landes verursachten Spannungen und Konflikte dauern bis heute an.

1958: GROSSER SPRUNG NACH VORN

Die kommunistische Partei gewinnt den Chinesischen Bürgerkrieg und ihr Führer Mao Tsetung verkündet 1949 die Gründung der Volksrepublik China. 1958 führt Mao den „Großen Sprung nach vorn" ein, eine Kampagne, mit der die Industrie angekurbelt und die Landwirtschaft gestärkt werden soll. Es kommt jedoch zu einer Hungersnot, durch die 45 Millionen Menschen sterben.

1957: ERSTER HUND IM ALL

Die Hündin Laika wird von der Sowjetunion mit dem Satelliten „Sputnik 2" ins All geschossen und ist das erste Tier, das gezielt in eine Erdumlaufbahn gebracht wird. Der Raumflugkörper ist nicht für eine Rückkehr zur Erde konstruiert, daher überlebt Laika nicht.

1950: KOREAKRIEG

Das kommunistische Nordkorea marschiert in Südkorea ein und löst damit den Koreakrieg aus. Die USA unterstützen Südkorea, während der Norden sich mit China verbündet. Bis es drei Jahre später zum Waffenstillstand kommt, werden Millionen Menschen getötet.

ISRAEL

1948: UNABHÄNGIGKEIT ISRAELS

David Ben-Gurion verliest die israelische Unabhängigkeitserklärung und ruft damit den Staat Israel aus, was zum Krieg mit den arabischen Nachbarstaaten führt. Etwa 700 000 Palästinenser fliehen oder werden aus ihren Häusern vertrieben.

1955: VIETNAMKRIEG

Nach dem Ende der französischen Kolonialherrschaft errichtet Ho Chi Minh in Nordvietnam eine kommunistische Republik. Seine Truppen marschieren in Südvietnam ein, was den Vietnamkrieg auslöst. Der Süden erhält militärische Unterstützung von den USA.

1953: MOUNT EVEREST

Der Neuseeländer Edmund Hillary und der nepalesische Sherpa Tenzing Norgay erreichen als erste Menschen den Gipfel des Mount Everest, der mit 8 849 Metern der höchste Berg der Welt ist.

1960–1974: NEUE HORIZONTE

Der Kalte Krieg ging weiter, als die Vereinigten Staaten und die Sowjetunion versuchten, ihren Einfluss als Supermächte auszubauen. Krisen in Kuba und Berlin führten beinahe zu Kampfhandlungen zwischen den beiden Mächten, doch ein mit Atomwaffen geführter Krieg war beiden Seiten zu gefährlich. Die beiden Supermächte konkurrierten sogar im wissenschaftlichen Bereich miteinander, als es darum ging, wer zuerst einen Menschen ins All und dann auf den Mond schickte.

1972: NORDIRLANDKONFLIKT

Britische Soldaten schießen auf unbewaffnete katholische Demonstranten in Nordirland. Dabei werden dreizehn Menschen getötet. Es ist eines der blutigsten Ereignisse während des Nordirlandkonflikts, einer Zeit der Gewalt und Unruhen zwischen den Iren, die für den Verbleib Nordirlands im Vereinigten Königreich sind, und jenen, die ein Vereinigtes Irland anstreben.

1974: WATERGATE-AFFÄRE

Richard Nixon ist der erste US-Präsident, der zurücktritt. Nach der Watergate-Affäre bleibt ihm keine andere Wahl, denn Tonbandaufnahmen beweisen, dass er versucht hatte, einen Einbruch in der Zentrale der gegnerischen Demokratischen Partei zu vertuschen.

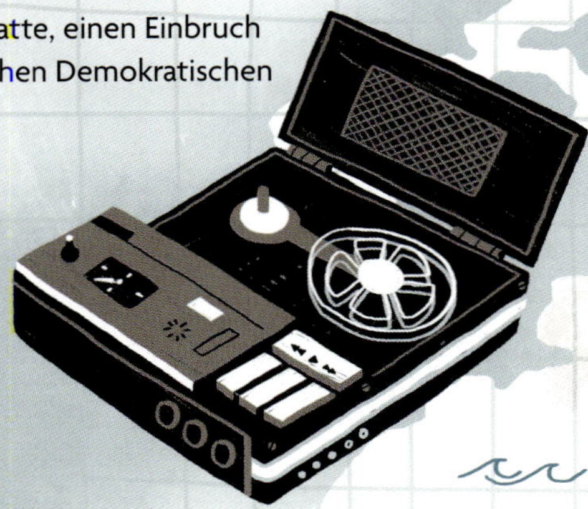

1962: KUBAKRISE

Die USA finden heraus, dass die Sowjetunion auf Kuba Abschussrampen für Atomwaffen baut. Dreizehn Tage lang steht die Welt am Rand eines Nuklearkriegs. Schließlich lenkt die Sowjetunion ein und zieht ihre Raketen aus Kuba ab.

1973: PUTSCH IN CHILE

Chiles Präsident Salvador Allende wird durch einen Militärputsch gestürzt und nimmt sich das Leben. Augusto Pinochet, der Oberbefehlshaber der Streitkräfte, wird von den Vereinigten Staaten unterstützt und ergreift die Macht. Er verfolgt frühere Anhänger Allendes und lässt 3000 von ihnen ermorden. Viele der Opfer werden nie gefunden.

HAST DU DAS GEWUSST?

Der 28. August 1963 war einer der wichtigsten Momente in der amerikanischen Bürgerrechtsbewegung. Bei einer Demonstration in Washington, D.C., hielt Martin Luther King vor etwa 250 000 Menschen seine berühmte „Ich habe einen Traum"-Rede. Darin erläuterte er, wie er sich ein Amerika vorstellte, in dem alle Menschen gleichberechtigt sind. In den darauffolgenden Jahren wurden Gesetze zur Gleichstellung erlassen, doch King wurde 1968 ermordet.

SCHLÜSSELEREIGNIS: ERSTER MENSCH AUF DEM MOND

Als die Sowjetunion 1961 den ersten Menschen mit einer Rakete ins All schickte, war das ein herber Schlag für die Vereinigten Staaten. Daher verkündete Präsident Kennedy im gleichen Jahr, dass Amerika noch vor 1970 den ersten Menschen auf den Mond schicken werde. Dies beschleunigte den „Wettlauf ins All“ zwischen den beiden Ländern. Im Juli 1969 wurde vom Weltraumbahnhof Cape Canaveral, Florida, das Raumschiff „Apollo 11“ abgeschossen. Am 21. Juli öffnete der Kommandant Neil Armstrong die Luke der Landefähre und betrat als erster Mensch den Mond mit den Worten: „Ein kleiner Schritt für einen Menschen, aber ein gewaltiger Sprung für die Menschheit.“

1961: BERLINER MAUER

Die kommunistische Regierung der DDR baut in Berlin eine Mauer, um ihre Bürger daran zu hindern, in den Westen zu fliehen.

1961: ERSTER MENSCH IM ALL

Yuri Gagarin aus der Sowjetunion ist der erste Mensch im Weltraum. Er führt in der Kapsel „Wostok 1“ eine vollständige Erdumrundung durch.

1966: KULTURREVOLUTION IN CHINA

Der Vorsitzende Mao Tsetung startet die Kulturrevolution und fordert Studenten auf, Symbole des traditionellen China zu zerstören, darunter Tempel und Universitäten. Er veröffentlicht das Buch *Worte des Vorsitzenden Mao Tsetung*, um die Revolutionäre weiter anzustacheln. Viele Städte versinken im Chaos und in den nächsten zehn Jahren sterben Hunderttausende.

CHINA

1973: JOM-KIPPUR-KRIEG

Arabische Staaten greifen während des jüdischen Feiertags Jom Kippur Israel an und besetzen Teile des Landes, die Israel während des Sechstagekrieges im Jahr 1967 erobert hatte. Der Jom-Kippur-Krieg dauert nicht einmal einen Monat, führt aber zu einem Anstieg der Ölpreise und einer globalen Wirtschaftskrise.

VIETNAM

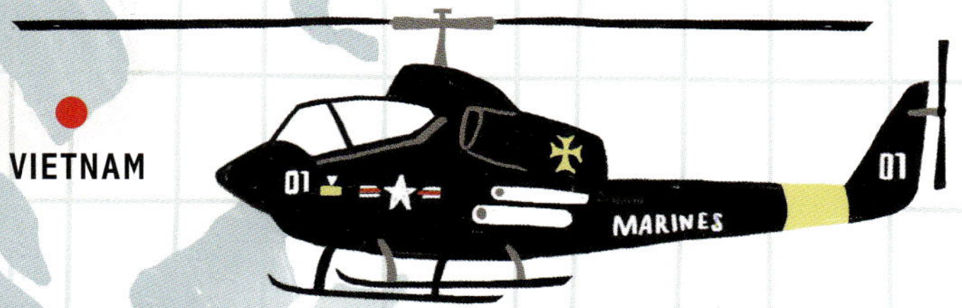

1973: ABZUG DER USA AUS VIETNAM

Die Vereinigten Staaten beginnen mit dem Abzug ihrer Truppen aus Vietnam und beenden damit ihre Teilnahme am Vietnamkrieg, nachdem sie zuvor Truppen zur Unterstützung des Südens gesandt und sie mit Hubschraubern ins Kampfgebiet gebracht hatten. Zwei Jahre später erobern kommunistische Truppen den Süden und das Land wird wiedervereint.

1964: NELSON MANDELA WIRD VERURTEILT

Nelson Mandela und andere Mitglieder des Afrikanischen Nationalkongresses (ANC), einer Gruppe, die sich gegen die Apartheid in Südafrika ausspricht, werden wegen Sabotage und Verschwörung zum bewaffneten Umsturz der Regierung zu lebenslangen Haftstrafen verurteilt.

1975–1989: EINE NEUE WELTORDNUNG

In dieser Epoche waren viele Ereignisse vom Kalten Krieg bestimmt, der aber nicht mehr lange andauern sollte. In Südostasien gelangten kommunistische Kräfte an die Macht, doch die Sowjetunion hatte mit Unruhen im eigenen Land zu kämpfen und konnte sich die Unterstützung anderer kommunistischer Länder nicht mehr leisten. 1989 brachen in europäischen Ländern mit sowjetfreundlichen Regierungen Proteste aus, unter anderem in der DDR. Dort fiel die Berliner Mauer, die die kommunistische DDR vom Westen trennte.

1975: COMPUTERZEITALTER

Das Computerzeitalter beginnt, als Bill Gates und Paul Allen in den USA Microsoft gründen. Das Unternehmen liefert Software für Computerhersteller und ist in den kommenden Jahren maßgeblich daran beteiligt, Computer zum Teil des Alltags werden zu lassen. Die ersten Personal Computer (PCs) waren bereits 1977 auf den Markt gekommen, beispielsweise der „Apple II".

SCHLÜSSELEREIGNIS: FALL DER BERLINER MAUER

Die Berliner Mauer stand seit fast 30 Jahren, als am 9. November 1989 im ostdeutschen Fernsehen bekannt gegeben wurde, dass die Grenze zu Westdeutschland geöffnet werde. Dieser Schritt erfolgte nach heftigen Protesten gegen die kommunistische Regierung und Zehntausende Ostdeutsche strömten durch die Grenzübergänge an der Berliner Mauer in den Westen, was vorher verboten gewesen war. Die Menschen benutzten Hammer und Meißel, um Stücke der Mauer herauszuschlagen. Die Autorität der Regierung der DDR war gebrochen und ein Jahr später kam es zur Wiedervereinigung von Ost- und Westdeutschland.

1978: FUSSBALL-WELTMEISTERSCHAFT

Argentinien ist zum ersten Mal Gastgeber der Fußballweltmeisterschaft und gewinnt auch erstmals den Titel. 1986 siegt das Land erneut, allerdings erzielt Starspieler Diego Maradona bei einem Spiel im Viertelfinale ein Tor mit der Hand und behauptet anschließend, „die Hand Gottes" habe ihm geholfen.

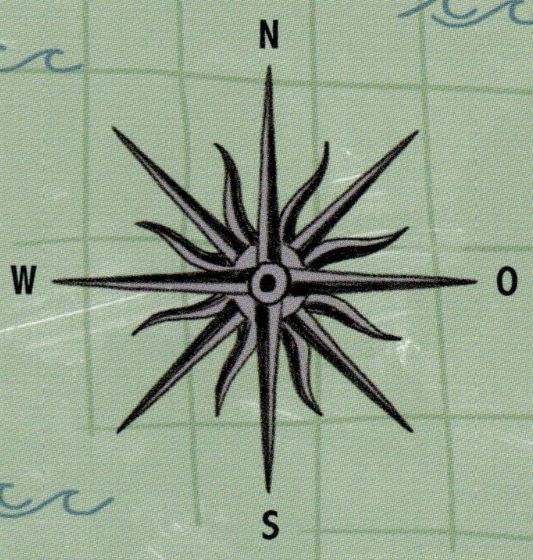

1982: FALKLANDKRIEG

Zwischen Großbritannien und Argentinien kommt es zum Krieg, nachdem Argentinien die von Großbritannien beanspruchten Falklandinseln besetzt und behauptet hat, sie gehörten zu Argentinien. Die Briten senden Kriegsschiffe aus und erobern die Inseln zwei Monate später zurück.

1986: TSCHERNOBYL-KATASTROPHE

Nach einem Reaktorunfall im Atomkraftwerk Tschernobyl in der Ukraine zieht eine Wolke aus radioaktivem Material über Europa. Es ist eine der schlimmsten Katastrophen in der Geschichte der Atomkraft. Hunderte Menschen erleiden Strahlenschäden, einige von ihnen sterben sogar.

1985: MICHAIL GORBATSCHOW

In der Sowjetunion wird Michail Gorbatschow Generalsekretär der Kommunistischen Partei. Er führt politische Reformen durch, um den jahrelangen wirtschaftlichen und industriellen Niedergang umzukehren und das Land zu modernisieren.

1989: TIAN'ANMEN-MASSAKER

Das chinesische Militär löst eine prodemokratische Demonstration auf dem Platz des Himmlischen Friedens in Peking mit Gewalt auf, wobei Schätzungen zufolge mehrere Hundert unbewaffneter Demonstranten getötet werden. Ein Mann, der sich den anrückenden Panzern in den Weg stellt, wird zum Symbol für dieses Ereignis.

IRAN

1979: IRANISCHE REVOLUTION

Der religiöse Führer Ajatollah Chomeini gründet die Islamische Republik Iran und führt eine strenge Auslegung des islamischen Rechts im Land ein.

1975: ROTE KHMER

Die Roten Khmer, eine radikale Kommunistengruppe unter der Führung von Pol Pot, siedeln die Bevölkerung von Kambodschas Hauptstadt auf das Land um und zwingen die Menschen zur Arbeit in der Landwirtschaft. In den nächsten vier Jahren werden zwei Millionen Kambodschaner hingerichtet oder sterben an Hunger oder einer Krankheit. 1979 marschiert Vietnam in das Land ein und stürzt das Regime der Roten Khmer.

1984: HUNGERSNOT IN ÄTHIOPIEN

Äthiopien wird von einer schweren Dürre heimgesucht, was zu einer Hungersnot führt, durch die über eine Million Menschen stirbt. Musiker in Großbritannien, Irland und den USA veröffentlichen Singles und organisieren *Live Aid*, ein Benefizkonzert, bei dem Spenden für die Hungerhilfe gesammelt werden.

1980: UNABHÄNGIGKEIT SIMBABWES

Nach einem Bürgerkrieg erklärt sich Simbabwe für unabhängig und führt eine neue Flagge ein. Vorher war das Land eine britische Kolonie namens Rhodesien, deren Premierminister Ian Smith versuchte, das Land unter weißer Herrschaft in die Unabhängigkeit zu führen. Robert Mugabe wird zum ersten Premierminister des neuen Staates gewählt.

HAST DU DAS GEWUSST?

Der Zauberwürfel wurde zu einem Verkaufsschlager. Er wurde 1974 von dem ungarischen Professor Ernő Rubik erfunden und 1980 weltweit auf den Markt gebracht. Der Würfel besteht aus 26 Steinen in verschiedenen Farben. Die Steine müssen so lange gedreht werden, bis alle Steine auf einer Seite des Würfels die gleiche Farbe aufweisen (es gibt etwa 43 Trillionen Kombinationsmöglichkeiten). Das ist zu schaffen, und in den 1980ern wurden Millionen Zauberwürfel verkauft.

1990–2001: DIE MODERNE WELT

Antikommunistische Proteste und Aufstände hatten den Kalten Krieg beendet. Die Vereinigten Staaten waren dadurch in einer Machtposition, was aber nicht für weltweiten Frieden gesorgt hat. Die Gefahr eines Atomkrieges zwischen den Supermächten war vorbei, dafür kam es aber zu mehreren kleineren Konflikten. Andere Länder, insbesondere China, wurden wirtschaftlich stärker und investierten in neue Technologien, die die Welt verändern sollten, zum Beispiel Mobiltelefone und das Internet.

SCHLÜSSELEREIGNIS: GEBURT DES INTERNETS

Die Entwicklung des Internets begann in den 1960ern, doch erst Anfang der 1990er war es erstmals auch für die breite Allgemeinheit zugänglich. Das Internet hat weltweit die Art und Weise verändert, in der Menschen kommunizieren, einkaufen, lernen und vieles mehr. 2019 hatten schätzungsweise 4,3 Milliarden Menschen Zugang zum Internet.

2001: TERRORANSCHLÄGE AM 11. SEPTEMBER

In den Vereinigten Staaten entführen Mitglieder der islamistischen Terrororganisation al-Qaida mehrere Flugzeuge. Zwei der Flugzeuge steuern sie in die Doppeltürme des World Trade Center in New York, ein drittes in das Gebäude des Pentagon in Washington, D.C. Bei den Anschlägen werden fast 3000 Menschen getötet. Daraufhin verkündet US-Präsident George Bush einen „Krieg gegen den Terror".

1998: FRIEDENSABKOMMEN

Das Karfreitagsabkommen beendet den Nordirlandkonflikt und damit eine jahrzehntelange Phase der Gewalt zwischen Gruppen, die unterschiedlicher Meinung darüber waren, ob Nordirland Teil des Vereinigten Königreichs sein sollte. Das Abkommen sieht vor, dass Katholiken und Protestanten das Land gemeinsam regieren.

HAST DU DAS GEWUSST?

Anfang der 1990er besaßen nur sehr wenige Menschen ein Mobiltelefon. Aber in diesem Jahrzehnt verbesserte sich die dafür verwendete Technologie sehr schnell. Die Telefone wurden kleiner und billiger und bald schon verkauften die Hersteller weltweit mehrere Hundert Millionen Handys. 2001 wurde in Japan das weltweit erste 3G-Netz eingeführt, mit dem ein mobiler Internetzugang möglich war.

1992: ERDERWÄRMUNG

Im brasilianischen Rio de Janeiro findet der erste UN-Klimagipfel statt, bei dem zahlreiche Länder versuchen, eine gemeinsame Lösung für die großen Umweltprobleme zu finden. Eines dieser Probleme ist die Erderwärmung, also der Prozess, dass es auf der Erde infolge von menschlicher Aktivität und Umweltverschmutzung immer wärmer wird. Spätere Gipfel führen zur Unterzeichnung des Kyoto-Protokolls und des Pariser Klimaabkommens.

1996: ERSTER KLON

Das Schaf Dolly ist das erste geklonte Säugetier der Welt. Aus einer Zelle, die einem ausgewachsenen Schaf in Schottland entnommen wird, entsteht ein neues Tier.

1992: BOSNIENKRIEG

In Bosnien-Herzegowina bricht Bürgerkrieg aus, nachdem es seine Unabhängigkeit von Jugoslawien erklärt hat. Die Kämpfe zwischen bosnischen Serben, muslimischen Bosniaken und Kroaten wüten im ganzen Land. Die Hauptstadt Sarajewo wird von Serben belagert. 1995 wird das Land durch ein Friedensabkommen geteilt.

1991: ZERFALL DER SOWJETUNION

Einige Regionen der Sowjetunion fordern nach Revolutionen gegen die kommunistische Herrschaft die Unabhängigkeit. Als Michail Gorbatschow als Präsident zurücktritt, zerfällt die Sowjetunion in fünfzehn einzelne Länder, darunter auch Russland.

1992: EUROPÄISCHE UNION

Mit der Unterzeichnung des Vertrags von Maastricht entsteht die Europäische Union, eine Gruppe von Ländern, die bei wichtigen Themen zusammenarbeiten. Die EU schafft den Europäischen Binnenmarkt, damit der Handel zwischen den Ländern einfacher wird.

KUWAIT

1990: GOLFKRIEG

Der irakische Diktator Saddam Hussein marschiert in Kuwait ein, das er als Teil des Irak ansieht. Eine Gruppe von Ländern, zu der unter anderem die USA, das Vereinigte Königreich und Saudi-Arabien gehören, beginnt 1991 mit der Operation „Desert Storm“: Zuerst werden Flugzeuge mit Bomben geschickt, dann folgen Bodentruppen. Es gelingt ihnen, Kuwait zu befreien, doch ein Handelsverbot und erneute Spannungen zwischen dem Irak und anderen Ländern führen 2003 zu einem weiteren Krieg.

1994: VÖLKERMORD IN RUANDA

Nach der Ermordung des Präsidenten kommt es in Ruanda zu zahlreichen Gewalttaten. Viele Angehörige der ethnischen Gruppe der Hutu beteiligen sich an der Tötung von Vertretern der Tutsi-Minderheit. Innerhalb von 100 Tagen werden 800 000 Menschen getötet.

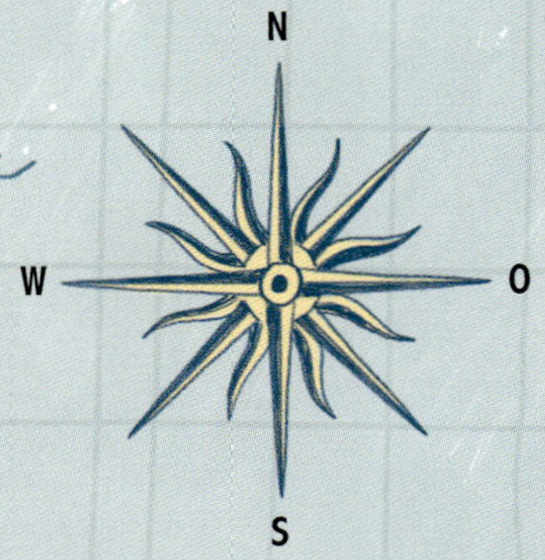

1994: NELSON MANDELA WIRD GEWÄHLT

Bei der ersten Wahl in Südafrika, an der Menschen aller ethnischen Gruppen teilnehmen können, wird Nelson Mandela zum Präsidenten des Landes gewählt. Er war 1990, als die Apartheid abgeschafft wurde, nach 27 Jahren Haft aus dem Gefängnis entlassen worden.

SO GESCHIEHT GESCHICHTE HEUTE

Die moderne Welt ist viel enger vernetzt als in der Vergangenheit. Während man früher manchmal Jahre gebraucht hat, um von einem Land in ein anderes zu gelangen, und einige Regionen der Welt überhaupt keinen Kontakt nach außen hatten, dauert es im 21. Jahrhundert nicht einmal einen ganzen Tag, auf die andere Seite der Erdkugel zu fliegen. Informationen reisen noch schneller und brauchen dafür nur Sekundenbruchteile.

21. JAHRHUNDERT

SOZIALE MEDIEN UND SMARTPHONES

Soziale Netzwerke und Smartphones sind Erfindungen der Neuzeit: Facebook gibt es seit 2004, das erste iPhone wurde 2007 auf den Markt gebracht und selbst das Internet, wie wir es kennen, ist erst ungefähr 30 Jahre alt. Mit diesen Medien können wir Informationen innerhalb kurzer Zeit suchen und finden. Das wiederum bedeutet aber auch, dass sich Fake News (Falschmeldungen), die manchmal völlig frei erfunden sind, um anderen zu schaden, genauso schnell verbreiten können.

GLOBALE FINANZKRISE

2007 kam es zu einer Finanzkrise, die in den USA damit begann, dass viele Menschen die Kredite für ihren Hauskauf nicht mehr zurückzahlen konnten. Aufgrund dieser Krise drohte vielen Banken der Bankrott. Falls es dazu gekommen wäre, wären die Systeme zusammengebrochen, mit denen die Länder untereinander Handel treiben, was zu Massenarbeitslosigkeit geführt hätte. Führende Nationen taten sich zusammen und handelten, um das Vertrauen in das System wiederherzustellen und den Schaden für die Weltwirtschaft zu verringern. Trotzdem können Ereignisse in einem Land sehr schnell Aktienkurse oder den Wert der Währung in einem anderen Land sinken lassen.

Das bietet die große Chance, Wissen auszutauschen und zusammenzuarbeiten, um Probleme wie etwa den Klimawandel zu lösen, birgt aber auch Gefahren. Ein Problem, das anfangs nur *ein* Land hat, kann sich sehr schnell ausbreiten und die ganze Welt betreffen, und die größten Herausforderungen der Welt kann kein Land allein lösen. Dank wissenschaftlicher Fortschritte, beispielsweise der Sequenzierung (Entschlüsselung) des menschlichen Genoms (DNA) und der enorm gestiegenen Rechenleistung von Computern haben wir inzwischen jedoch mehr technologische Möglichkeiten, unserer Welt zu helfen, als noch vor 20 Jahren. Dies sind nur einige der Themen, die beeinflussen, wie Geschichte heute geschieht:

UMWELTKRISE

In den letzten Jahrzehnten ist die Durchschnittstemperatur der Erde gestiegen. Grund dafür ist der Anstieg der „Treibhausgase" in der Atmosphäre, die durch Umweltverschmutzung und das Abholzen von Wäldern entstehen. Dies hat zu extremen Wetterverhältnissen wie Stürmen und Überschwemmungen geführt, was in einigen Regionen der Welt den Anbau von Lebensmitteln erschwert. Zusammen mit Kriegen ist das einer der Gründe dafür, warum immer mehr Menschen ihre Heimatländer verlassen. Die Lösung dieser vielschichtigen Probleme ist nicht einfach und wird eine enge Zusammenarbeit von Regierungen über viele Jahre hinweg erfordern.

CORONAVIRUS

Reisen ins Ausland sind heute einfacher und schneller möglich als je zuvor. Die verkehrsreichsten Flughäfen fertigen pro Jahr mehr als 100 Millionen Passagiere ab. Das bedeutet aber auch, dass Krankheiten sich heute schneller verbreiten können. Die Corona-Pandemie begann Ende 2019 in einer Stadt in China und breitete sich innerhalb weniger Monate so stark aus, dass fast jedes Land davon betroffen war. Die Pandemie forderte mehrere Millionen Tote auf der ganzen Welt. Aber durch weltweite Anstrengungen gelang es auch, so schnell wie noch nie zuvor Impfstoffe gegen das Virus zu entwickeln.

GLOSSAR

A

B

C

D

E

F

G

H

I

J

K

L

ANMERKUNG ZU LANDKARTEN UND DATUMSANGABEN

Es gibt viele Möglichkeiten, um die Welt mithilfe von Landkarten darzustellen. Auch für Datumsangaben, mit denen beschrieben wird, wann historische Ereignisse stattgefunden haben, sind verschiedene Systeme üblich. Landkarten aus dem Mittelalter zeigen oft Jerusalem im Zentrum, während bei modernen Landkarten, die in den Vereinigten Staaten produziert werden, Nordamerika und bei jenen aus China Ostasien in der Mitte platziert wird. In diesem Buch haben wir Landkarten verwendet, bei denen Europa im Zentrum dargestellt wird, was aber nicht bedeutet, dass die wichtigsten Länder der Weltgeschichte in Europa sind. Datumssysteme haben sich im Laufe der Zeit und an verschiedenen Orten verändert. Die alten Maya verwendeten einen Kalender, dessen erstes Jahr 3114 v. Chr. war, und die moderne islamische Zeitrechnung begann 622 n. Chr. In diesem Buch haben wir die christliche Jahreszählung benutzt, die das am häufigsten benutzte System ist. Sie wurde von der christlichen Kirche eingeführt und beginnt mit dem angenommenen Jahr der Geburt Christi. „v. Chr." steht für Datumsangaben „vor Christus", während „n. Chr." für solche „nach Christus" steht. Jahre nach der Geburt Christi können auch mit dem Zusatz „Anno Domini" (abgekürzt A. D., lateinisch für „im Jahre des Herrn") angegeben werden. Vereinzelt wird auch die Bezeichnung „v. u. Z." (vor unserer Zeitrechnung) und „n. u. Z." (nach unserer Zeitrechnung) oder „u. Z." (unserer Zeitrechnung) verwendet. Manchmal siehst du ein „ca." vor einer Jahresangabe, zum Beispiel „ca. 300 v. Chr.". Das bedeutet, dass niemand das genaue Datum dieses Ereignisses kennt, aber wir wissen, dass es ungefähr um dieses Jahr herum stattgefunden hat.